周敦颐　　　夏原吉　　　李东阳　　　王夫之

罗泽南　　　曾国藩　　　胡林翼　　　左宗棠

彭玉麟　　　郭嵩焘　　　李续宾　　　杨岳斌

　　　　　　　　　　　　　　　　　　……

一生怀抱几曾开：——湖湘文化点将录

王强山　著

ᏟᎡᏚ　岳麓书社·长沙

图书在版编目（CIP）数据

一生怀抱几曾开：湖湘文化点将录／王强山著 . —长沙：
岳麓书社，2022.10

ISBN 978 - 7 - 5538 - 1741 - 5

Ⅰ ①一… Ⅱ ①王… Ⅲ ①文化史—湖南—文集
Ⅳ ①K296.4-53

中国版本图书馆CIP数据核字（2022）第181258号

YISHENG HUAIBAO JICENG KAI：HUXIANG WENHUA DIANJIANG LU

一生怀抱几曾开：湖湘文化点将录

作　　者 | 王强山
责任编辑 | 王文西
责任校对 | 包文放
装帧设计 | 谢　颖

岳麓书社出版发行

地址：湖南省长沙市爱民路47号

直销电话：0731 - 88804152　　0731 - 88885616

邮编：410006

版次：2022年10月第1版

印次：2022年10月第1次印刷

开本：890mm×1240mm　1/32

印张：6.75

字数：146千字

书号：ISBN 978 - 7 - 5538 - 1741 - 5

定价：38.00元

承印：长沙超峰印刷有限公司

如有印装质量问题，请与本社印务部联系

电话：0731 - 88884129

＜ 上图：周敦颐故居

中图：周敦颐故里濂溪书院

下图：周敦颐纪念馆

一生怀抱几曾开：湖湘文化点将录

> 上图：清沈俊绘李东阳像

下图：清杨鹏秋绘王夫之像

< 曾国藩坐像轴（湖南博物院藏）

> 彭玉麟坐像轴（湖南博物院藏）

季高仁兄大人阁下十一日巳刻计送至湘阴会客至言迟

者方属于道天实且两箱一遁迴而

台从已远去夫千里之别不及一叙

垂撰祭文庶几甫就尚未及呈达负疚于心其昌有

趋北省兵颊之條碧饰搓缓诸资

硕画而封疆之声防卫之烦尤至艰钜想

贤者为之必有

殊越伟绩一新残毁之耳目也日来绍傅南昌现巳

被围人心震動而傾探紛渡缺此備豫之方瀰幸刂

讎故簿書期會之外不肯舉行一事往使多輩

氣塞心在雨包莊寔渔明府有调桃源之说湘陰

代理為鄭君結誠其人長者闿且不如莊君之明

裹莊君祿不免仁柔之過些四鄉之人雨共愛戴

湘陰為詣安靜無巨姦大憝窟穴藏伏須一搏擊

者小々之愆但得一整飭雨埽除之不必武健嚴酷之

為也且代理之負雨責以興利除奥無纾莩趨熚之

私其点難美或恐来者之不如今則更無以善其後以兴州

羗重累之餘漕事方興而邊見調遣又代理者薪

水之資皆責之本任往来差務於本任當之岂尽于之

過而界以邳山之累頃莊君為滁省言之而自謂也比

諸大憲皆知其枉徒以制軍之命不敢有所更易似

宜屡陳制軍速畫一更前命湘陰本無意外之虞

昨者捕戮數人心一震誘擒裁成如莊君者已属賢

吏似不宜別有更動揆之人心駭之事势諸而未安

不敢不以告制軍明通公溥無必無固仍恃

老兄斟酌贊襄之耳任甘二姓請給匾額前已申文上

達通邑皆如似宜請之制軍頒發四字飭縣賞給尚

妥嘉禾土匪句串滋事耒陽唐革州寧靖發兵中丞

与繼尚酌商遣調楚勇湘勇千人并札張潤農合兵

剿辦未知賊蹤究復何似弟方擬四圖縣訛言既張發

報號毫无乃復亟止下游信息幸時達示诸不詳肅即請

勳安　嵩焘百拜上

＜

上图：湘军将领故居建筑群·大夫第

下图：湘军将领故居建筑群·云桂堂

序

　　几年前，我在长沙时务学堂研究会微信群中，时或看到署名老山的旧体诗，韵律严整，典故丰饶，浓浓古风中，每有时代之思、生命之感，因此印象很深。后来，我与老山添加了微信，得知他是长郡中学的历史教师，对其才情与志趣更生敬意。今年春间，我偶然面遇老山，才发现他是大学校友王强山，且与我大学同班同学肖芳同事二十年，叙旧话新，越发亲切。上月底，他用微信传来一部文稿，书名《一生怀抱几曾开：湖湘文化点将录》，嘱我赶作一篇序言。强山兄的书稿，是他近几年在《书屋》杂志发表的文章结集。这些文章篇幅不长，文笔轻松、活泼，内容精细、别致。我每有空闲，就在手机上打开一篇，略加品读，即感别有意味。因此，我勉力应承，略缀数语，对他教学之余奋力读书、独立思考的成绩，表示祝贺与敬佩。

　　从二十世纪八九十年代以来，湖湘文化热浪不断，无论通俗版的宣传作品，还是学术性的研究成果，一直不断地涌现出来。

因此，对于湖湘历史上的先贤名家，人们大多耳熟能详，要整出新意，并非易事。强山兄首先通过榷论2015年"湖湘文化十杰"评选活动，鸟瞰几千年湖湘文化的发展大势与演变脉络，揭示湖湘文化的内在精神与优良传统，然后从历代众多英雄豪杰、哲人名贤中，选择周敦颐、夏原吉、李东阳、王夫之、曾国藩、胡林翼、罗泽南、左宗棠、郭嵩焘、彭玉麟、李续宾等关键人物，叙述其事迹，评判其功业，分析其思想，赞誉其品行，兼涉军政、哲理、文学等不同领域，折射北宋至晚清数百年历史风云，无不卓然可观，称作"一生怀抱几曾开：湖湘文化点将录"，的确名实相符。

同时，强山兄采取详人所略、自出机杼的高明手法，或从侧面入手，或作对比研究，或是补充细节，使这些妇孺皆知的湖湘先贤，呈现出更为丰富的立体图景，并展示出各自不同的思想内核与精神风貌。例如，对于王夫之博大精深的思想学说，历来学界论述极多，强山兄转而论述船山身后的"知音"群体，巧妙地映照出船山学术超越时代的深远价值。又如，作者考察郭嵩焘对青年严复待以国士的知遇之恩，并以郭、严之互相推重与曾纪泽、严复之相互抵牾所形成的鲜明对比，生动地阐释了郭嵩焘背负"独醒之累"的时代悲剧。

强山兄这部书稿，既有通俗作品的风格，也有学术著作的品质，正可谓深入而浅出，是一部宣传、研究湖湘文化的好书。他在写作中，一方面注意吸取学界的成果，另一方面遵循原创的原则，从原始史料中力作发掘，勇于提出一己之见。例如，关于曾国藩、左宗棠交恶的原因，长期以来众说纷纭，强山兄考察曾、左两次失和的经过，认为第一次失和确实由于双方负气，但第二次交恶恰在湘军鼎盛之际，背后应有隐情，可能是曾国藩有意"自污"，以防"兔死狗烹的悲剧重演"。这种说法虽然缺乏直接证据，但是有迹可循，属于合埋推断，因此新而可喜。事实上，对于历史悠久、内容丰富的湖湘优秀历史文化，今天既要大力宣传、弘扬，也要继续研究、阐释，像强山兄这样时时注意融进个人的探讨、思考，值得充分肯定。

强山兄讨论"湖湘文化十杰"评选之事，发现最终入选者中，有左宗棠而无郭嵩焘，有黄兴、蔡锷而无宋教仁，因而感慨历史上的学术、思想不敌军政事功，特别是对比左氏赫赫功勋、郭氏身名寂寂，提出郭氏思想的价值"不是芸芸众生都能领悟的"。这确实指出了几十年来湖湘文化研究、传播中存在的不足，值得今人正视、改进。我也期望强山兄今后继续努力，推出"一生怀抱几曾开：湖湘文化点将录续编"，对湖湘历史上的学术文化名家做更多的研究、阐扬。是为序。

吴仰湘于岳麓山

2022 年 9 月 10 日

目　录

湖湘文化点将录

——兼论湖湘文化的发展脉络与内在精神

一

　　2015 年湖南文化界有一件大事，就是由千年学府岳麓书院发起，著名湘籍学者唐浩明、郑佳明、朱汉民、王鲁湘领衔启动的"湖湘文化十杰"评选活动。

　　湖湘之地，向称人文荟萃，自屈原、贾谊，以及宋代理学之宗周敦颐、明末大儒王夫之，至近代而人才趋于极盛。如何在灿若星辰的历代湖湘文化名人中选出十个对湖湘文化的贡献最大，也最能代表湖湘文化的人物，这确实是个难题。为此，组委会确立了几条评选标准：一、上自先秦，截至 1949 年以前去世的有详细资料考证真实存在的人物（神话传说人物不在此列）。二、对湖湘文化的形成与发展产生重大影响的、在文史哲领域丰富了湖湘文化内涵的、对湖南思想文化乃至政治经济起到重要作用的人物。三、个人影响力不止于湖南，在中国文化史上有一定地位且符合主流价值观的人物。四、籍贯地不限于湖南，但正史记载确在湖南生活过相当长时间。

根据这一标准，组委会列出了三十六个候选人名单，并附上其简介（简介略）：

屈原、贾谊、蔡伦、张仲景、欧阳询、怀素、柳宗元、沩山灵祐、周敦颐、胡安国、胡宏、张栻、欧阳玄、李东阳、王夫之、罗典、欧阳厚均、邓显鹤、陶澍、贺长龄、魏源、曾国藩、左宗棠、胡林翼、郭嵩焘、王闿运、王先谦、谭嗣同、杨昌济、黄兴、熊希龄、杨度、陈天华、蔡锷、宋教仁、蔡和森

在组委会列出的这个候选人名单中，有些确实并非湖南人，如屈原、贾谊等。而湖南文化旅游力推的炎帝、蚩尤、舜帝，以及毛泽东、齐白石等重要历史人物也不在候选之列。

对此，组委会解释称，"湖湘文化十杰"评选对象，强调"在中国历史上对湖湘文化的形成、发展产生重大影响的杰出人物"，考虑到诸多因素，限于上至先秦、下至1949年以前去世的真实历史人物，重点在与"湖湘文化"相关。按照这一标准，作为总评委之一的著名作家唐浩明先生进一步解释说："炎帝神农氏、蚩尤、舜帝虽见诸史料，但总体来说是华夏民族传说中的人物，不能纳入此列。同样，毛泽东属于中华人民共和国的缔造者，也受湖湘文化影响，但更主要的成就在政治。近代以来湖南人才辈出，很多都跨越了20世纪。考虑到各种因素，不得不忍痛割爱，将时间下限定于1949年。以此为标准，也更能体现出

湖湘文化清晰的传承渊源和代际特点。"

确立了候选人名单后，下一步就是评选的办法了。这次评选首开"互联网+传统文化"模式的先河，也就是并非由宣传部门主导，而是由学者发起，全民参与，自下而上的评选，网友投票的权重为50%，分量最重。著名湘籍学者唐浩明、郑佳明、朱汉民、王鲁湘组成的总评委只占总权重的20%；知名湘籍学者、文化名流夏剑钦、周秋光、廖名春、龚旭东、欧阳哲生、孟泽、陈明、肖永明、十年砍柴、谭伯牛等担任的推选委员会占总权重的30%。

"湖湘文化十杰"评选活动正式启动后，各地网友踊跃参与，他们通过凤凰网湖南频道、红网等专题页面或微信平台等通道进行投票，选出心目中最具代表性的湖湘文化人物。据统计，到截止日，投票的网友人数（次）超过六百七十万，周敦颐得票高达四十九万余。票数超过四十万的还有屈原、张栻、王夫之、魏源、曾国藩、左宗棠。从投票网友的地域分布来看，其中湖南省内ID占比为59.3%，广东、湖北、安徽、陕西、上海、广西、福建、北京、江西、贵州、新疆等地网友投票人数占比32.7%，港、澳、台地区投票占比近6.9%。活动还吸引了日本、美国和澳大利亚等国的华人、华侨及留学生群体参与，海外参与投票ID接近0.49%，近两万人（次）国外网友参与投票。

经过一个多月网友投票与专家评审，最终确定了十位最能代表湖湘文化的杰出人物榜单，他们是：屈原、周敦颐、张栻、王夫之、魏源、曾国藩、左宗棠、谭嗣同、黄兴、蔡锷。

唐浩明先生表示，此次活动首次借鉴"互联网+传统文化"

的理念，能够引起如此大的反响，实属难得，网友对湖湘文化的关注度、对湖湘先贤的推崇度令人敬佩。他说："此次活动不光帮助我们湖南人自己更好地认识湖湘文化，同时也传承和弘扬了中华民族的悠久历史和优秀文化。"

二

确实，网友与专家学者共同评选出来的这个"湖湘文化十杰"的榜单还是较好反映了湖湘文化形成发展的清晰脉络以及湖湘文化的内在精神，但有美中不足。

湖湘文化的形成发展大体上经历了三个阶段。从战国时期屈原入湘到北宋初期滕子京被贬岳州为第一阶段，属于楚文化和中原文化注入湖湘，成为湖湘文化母体的时期。从北宋中期周敦颐开创理学，到明末清初王夫之对传统学术与文化进行系统性批判总结为第二阶段，属于湖湘文化内在精神传统形成与丰富的时期。清代以来至今属第三阶段，为湖湘文化这一内在精神传统的阐释、实践、传播（向省外）、创新与超越时期。所以，这次岳麓书院推出的"湖湘文化十杰"应当属于这三个阶段关键节点上的重要人物。愚以为，荣登这个榜单的十人中有七人非常恰当，但近代史上以事功闻名于世的左宗棠、黄兴和蔡锷入选却值得商榷，而宋代的胡宏和近代的郭嵩焘、宋教仁似可取而代之。

屈原虽不是湖南人，但他入选"湖湘文化十杰"却是专业学者与网友两个层面争议较少的，这主要缘于他对湖湘文化形成的第一阶段的独特意义。

从时间维度来考察，作为一种地域文化的湖湘文化，其最初萌芽形态应在夏、商、周三代，即湖湘文化的先楚时期——由当地荆蛮人、越人和濮人创造的湖湘土著文化时期。但这个时期的湖南先楚文化还属于原始氏族公社后期，并没有真正迈入文明的门槛。随着楚国将湖南纳入其版图，楚文化进入湖湘大地并逐渐演化为湖湘文化的母体，这个过程主要是通过楚国派遣或流放官员以及灭国移民等方式实现的，而被流放入湘的屈原无疑是这一过程中的关键人物。

屈原入湘后，生活过的湖湘地域十分广泛，从洞庭湖流域、湘水流域到沅水流域，以至南岳衡山等。在流放期间，他"哀民生之多艰"，爱国之心不移。他书楚语、作楚声、纪楚地、名楚物，传播楚文化，从而使湖湘土著文化与楚文化碰撞与融合。可以说一部《楚辞》就是屈原将湖湘土著文化与楚文化结合而成的代表之作，成为后世湖湘文化的重要源头。特别是屈原悲壮自沉后，其爱国忧世的情怀以及上下求索的人格魅力不断被后世的湖湘士人（或外地入湘士人）歌颂，被老百姓以各种方式纪念，从而形成上下求索，心忧天下的文化内涵。

屈原之后汉代有贾谊被放逐入湘，唐代则有大量的士人或被贬谪或来湖南游历。开元年间中书令张说被贬岳州，其后有孟浩然、李白、杜甫、王昌龄、柳宗元、刘禹锡、韩愈、白居易及元稹等先后入湘，他们或歌或咏，留下了大量的诗文，提升了湖湘文化的品位和格调。这种中原文化对湘楚文化的注入和提升基本上到宋初完成，其标志则是滕子京被贬岳州，重修岳阳楼，请范仲淹写《岳阳楼记》，提炼出"先天下之忧而忧，后天下之乐而乐"的文化情怀。

以上为湖湘文化形成的第一阶段，从文化形态言之，属于传播型的、诗性的、浪漫主义的文化形态。超越屈原等人对湖湘文化的贡献，并实现从传播型的文化形态到原创型的文化形态，从诗性的文化形态到哲学的文化形态，从浪漫主义的文化形态到现实主义的文化形态的转变，则属于湖湘文化的第二阶段。这个过程从周敦颐发其端，中经胡宏、张栻，最终到王夫之完成，它形成了以理学精神为核心的湖湘文化的学统与经世致用的学风。

这次"湖湘文化十杰"的评选活动中，作为出生于湖南本土的候选人，周敦颐是专业学者和网友两个层面最少争议的人物，从网友投票中周敦颐高居榜首可见一斑。周敦颐是第一个出生于湖南但真正有全国性影响的思想家，他对于湖湘文化最大的贡献在于创立理学，把儒学上升到纯哲学的高度，而宋代以后理学即成为湖湘文化的内核。也就是说，周敦颐是湖湘文化内在精神传统即学统的开创者，这是不争的事实（参见拙文《打通"三教"的周敦颐》，载《书屋》2015 年第 7 期）。

但是这个"湖湘文化十杰"的榜单中没有胡安国、胡宏父子，特别是没有胡宏，却颇令人遗憾，因为他是周敦颐开创的湘学内在精神传统在湖湘大地落地生根的关键人物。

周敦颐开创理学，传承至二程、胡宏、张栻，有一条清晰的脉络。周敦颐创立理学之时并未对湖南产生太大的影响，其弟子程颢、程颐也谈不上对湖湘文化有直接的贡献。胡宏虽不是湖南本土人，但他在湖南生活、讲学二十余载，并正式创立"湖湘学派"。

胡宏原籍福建崇安，是北宋末期著名经学家、理学家胡安国幼子，很小即随父学习并接受其理学思想，后师事二程弟子杨时和侯仲良，终至发扬光大开创于周敦颐的理学思想，著有《知言》《皇王大纪》等。

胡宏的理学思想虽是对周敦颐、二程学说的继承，其探讨的主要范畴仍不出道、理、心、性等，但他对这些范畴的发挥和运用却表现了许多独到之处。如二程哲学以"理"为宇宙本体，胡宏哲学本体却是"性"。在"性"与"心"的关系问题上，胡宏以"性"为体，以"心"为用，二者的关系表现为未发为"性"，已发为"心"。后来"朱张会讲"时朱熹和张栻就反复围绕这一命题辩论。在"性"与"物"的关系问题上，胡宏认为"非性无物，非气无形"。因此其性本体论既不同于二程洛学的理本体论，也不同于张载关学的气本体论，是当时湖湘学派能作为一个独立学派区别于洛学、关学与闽学的重要原因。

在人性论问题上，胡宏也反对以善恶论性，认为人性本为中道，世儒以善恶言性，不过是远离实际的迂阔之论。其人性论阐述虽不够周密，但有其独到之处，对王阳明"无善无恶心之体"的论断似有启发。

在认识论问题上，程朱理学都讲格物致知，胡宏也不例外，但他提出"缘事物而知"和"循道而行"的知行观，其命题亦有独到之处。特别是他认为"道可述，不可作"，即作为客观规律的"道"不以人的意志为转移，人们可以认识它，但不可以制造和改变它，这样就肯定了事物规律的客观性，与周敦颐、二程明显不同，对王夫之的认识论有一定的启发。以上思想及其影响表明胡宏作为一代理学宗师地位是无可辩驳的。

胡宏之所以应登上这个"湖湘文化十杰"的榜单，不仅在于其理学思想是对周敦颐以来理学的继承与创新，还在于他正式将理学思想在湖湘大地上落地生根，使其成为湖湘文化的内在精神传统。

宋高宗建炎年间（1127—1130），胡宏随父兄由荆门南渡湖南。其父胡安国在潭州湘潭建碧泉书院，后又在衡山山麓办文定书院，以讲学著述为业，除自己的子侄胡寅、胡宏、胡宪等以外，还吸引了众多湖湘子弟前来就学。绍兴八年（1138），胡安国在湖南逝世，其后胡宏继承父业，继续在衡山等地讲学二十余年。一批批志学求道的学人纷纷前来衡山追随胡宏研经读史，其中就包括张栻。至此，胡宏在思想体系和人才群体上奠定了湖湘学派的基础，正如钱穆在《朱子新学案·朱子评胡五峰》中所论："南渡以来，湖湘之学称盛，而胡宏仁仲岿然为之宗师，学者称为五峰先生。"

考虑到组委会所宣称的这个"湖湘文化十杰"的榜单要"能体现出湖湘文化清晰的传承渊源和代际特点"，胡宏上承周敦颐，下启张栻，是不可或缺的人物。

张栻原籍汉州绵竹，南宋孝宗乾道元年（1165），他主管岳麓书院教事，从学者达数千人，奠定了湖湘学派的规模，成为一代学宗，与朱熹、吕祖谦齐名，时称"东南三贤"，主要著作有《南轩先生论语解》《南轩先生孟子说》等。

　　张栻理学思想上承二程，并极力推崇周敦颐《太极图说》所言以"太极"为万物之本原，主张"格物致知，知行互发"。他认为"始则据其所知而行之，行之力则知愈进，知之深则行愈达"，"盖致知以达其行，而行精其知"。这种知行观成为湖湘文化注重"经济之学"，重视践履的重要精神源头。

　　张栻思想对朱熹亦多有启发。乾道三年（1167），朱熹闻张栻得衡山胡宏之学，并主讲岳麓、城南两书院，乃由弟子陪同，从福建崇安启程来长沙，与张栻会友讲学，展开学术辩论，即历史上著名的"朱张会讲"。两人的辩论与相互影响，开创了书院自由讲学之新风，对于加强各学派之间的学术交流，促进学术思想的发展起了重要作用。这次"朱张会讲"的"潭州嘉会"，历时两个月，两人讲学于岳麓、城南两书院，附近学者闻风而至，听者甚众，盛况空前，成为中国书院史和湖湘文化史上的大事。

　　张栻对湖湘文化的独特贡献还在于将湖湘学派的重心从南岳衡山转移至长沙，并使岳麓书院成为湖南乃至全国的理学重镇。如果说胡宏将周敦颐开创的湖湘文化内在精神传统在湖湘大地上落地生根的话，那么张栻则是使这一学统在湖南蔚然成林的关键人物。他在长沙培养了一大批弟子，如胡大时、彭龟年、游九功及游九言等，他们成为张栻之后湖湘学派的中坚力量。

　　元、明两代岳麓、城南等书院绵延办学，湖湘学派薪火相传，人才辈出，但都无法达到宋代理学家的高度，直到明季清初王夫之横空出世，成为湖湘文化史上与周敦颐并峙的又一座丰碑。

　　王夫之一生著述有一百多种四百余卷，其中最重要的哲学著作有《周易外传》《尚书引义》《诗广传》《张子正蒙注》《思问录》《读四书大全说》《老子衍》《庄子通》及《春秋世论》等，对宋明理学乃至整个中国古代学术、文化进行批判与总结。

在本体论与宇宙观问题上，王夫之继承了张载关学"气"一元论传统，但并没有停留在前辈哲人的水平上，而对"气"的范畴作出了新的哲学规定，形成"太虚一实"的宇宙观。同时在宋明理学中长期争论的"理""气"关系问题上他作了深入阐述，驳斥了程朱理学"理本气末""理主气从"的虚无的精神本体。在道器关系上，他对程朱理学用"形而上之道"与"形而下之器"的划分来割裂道与器的统一，提出"道在器中"的道器观。他进而提出"缊缊化生""要归两端"的矛盾观，"动静皆动""变化日新"的运动观，"理势相成""即民见天"的历史观，以及"能必副所""行可兼知"的认识论，全面批判程朱理学与陆王心学，总结了中国古代哲学长期争论的理气、道器、有无、体用、动静、常变、古今、理势、理欲、能所、心物、心理、知行以及天人等关系问题，把中国传统哲学的理论思辨提高到一个全新的水平。王夫之哲学具有深刻而完备的理论形式，反映了明清之际时代精神的精华，标志着中国古代独断哲学的终结，成为近代启蒙思想的重要源头。他还从其知行观出发，系统而全面地论证和阐释了"通经史以致用"的学风，成为近代湖湘士人的一面重要旗帜。

王夫之史学著作最重要的是《读通鉴论》与《宋论》，这两部巨著经过郭嵩焘的大力弘扬，在清末引起了足够的重视，其民族主义思想被大力挖掘，成为清末民族意识觉醒的重要精神来源。

如果说周敦颐是湖湘文化内在精神传统的开创者，王夫之则是它的完善者与终结者，其后来者则是对它的阐释、传播、实践、创新与超越。所以清代以来能登上这个"湖湘文化十杰"榜单的人物，一定要在这几个方面有独到的贡献。

三

清嘉、道年间，一个后世称之为"经世派"的湖湘士子群体拔地而起，从陶澍、魏源到汤鹏、贺长龄、罗典、欧阳厚均、邓显鹤和唐鉴等人，他们慨然卓立，以经营天下为志。他们打破乾嘉学派重考据、钻故纸堆的学风，对国家的漕运、河务、盐政、科举、官制、赋役、钱币、兵丁、边舆以及道德、风气和学术等都提出了许多建设性的思想，系统性地阐释了从张栻到王夫之大力提倡的通经以济世的思想。这个群体中，魏源无疑是杰出代表，他登上这个"湖湘文化十杰"榜单，也较少争议。

魏源生活在"三千年未有之大变局"的历史转折大时代，潜心经世致用之学，编辑成《皇朝经世文编》。鸦片战争期间，魏源任职两江总督裕谦幕府，发愤著《圣武记》，以清初军事成就激发爱国精神，提高民族自尊心与自信心。后来他受林则徐委托，编成《海国图志》，成为我国第一部系统介绍世界历史、地理、政治、经济及文化的巨著，对中国人了解西方起了重要作用，特别是其"师夷长技以制夷"的思想成为洋务派办洋务的理论来源。

随后，以曾、左、彭、胡为代表的"中兴名臣"活跃在中国政治舞台上。至此，湖湘士子群体已不再是囿于湖南一地指点江山，议论风发，而是位寄封疆，手握实权，将湖湘文化的内在精神转化为现实的力量，在晚清这个大舞台上发挥着举足轻重的作用。曾国藩无疑是其中最杰出的代表。

曾国藩在成就非凡事功的同时，以其言传身教和各种著述，把湖湘文化的内在精神阐释得淋漓尽致。太平军起事以后迅速壮大，清廷正规的绿营兵和八旗军不堪一击，曾国藩毅然以一介书生之力，墨绖出山，组建湘勇。面对势力全盛之时的太平军，曾国藩屡战屡败，屡败屡战，咬紧牙关，苦撑危局，最终以杜鹃啼血之诚、精卫填海之力，从容补救，转危为安。曾国藩孙女婿吴永在《庚子西狩丛谈》中提及李鸿章转述的曾氏秘传心法："天下事在局外呐喊议论，总是无益，必须躬自入局，挺膺负责，乃有成事之可冀。"他将湖湘文化经世致用的学风转化为实际的行动，行之有节，持之以恒，大智大勇，坦荡无畏，担负起世道人心。以书生救国，曾国藩走到了传统"人臣"的最高阶段，时人即把他与孔子、王阳明并称，谓之为成就了"三不朽"事业的非凡人物。

然而，同样作为湘军重要将领，"曾、左、彭、胡"并称的左宗棠入选"十杰"，却争议颇多。

左宗棠一生的主要成就是三大事功：其一为协助曾国藩平定太平天国，其二为平定陕甘回民之乱，其三为收复新疆。收复新疆之役使左宗棠成为著名的民族英雄，在事功上或可超越平定洪杨之役。但是作为湖湘文化的代表人物，左宗棠的政治思想、洋务主张以及对世道人心的影响，都无法与曾国藩相提并论，因而左宗棠也只能如彭玉麟和胡林翼等其他这个时代的绝大多数湖湘士人一样被曾国藩所代表，除郭嵩焘外。

郭嵩焘是这一时期湖湘士人群体中承上启下的关键人物，他不但对自周敦颐至王夫之的湖湘学统阐释自觉而深刻，而且在思想上超越洋务派，下启维新派，开近代湖湘西学之风气，其后湖南倡时务学堂，向日本等国派遣留学生，都受到他的影响。郭嵩焘是湖湘文化史上从旧学到新学过渡的关键人物，所以他在湖湘文化史乃至中国近代思想史上都是不可或缺的人物。

在弘扬湖湘文化学统方面，郭嵩焘特别推崇王夫之，为之建船山祠、思贤讲舍并奏请朝廷将王夫之从祠文庙。在建船山祠时，郭嵩焘亲撰碑记，将王夫之与周敦颐并列为湖湘学术与文化上的两大丰碑（参见拙文《王夫之和他身后的知音》，载《书屋》2015 年第 11 期）。

在洋务思想上，郭嵩焘认识到道光以来中国之开埠不仅仅是"三千年未有之大变局"，而且是世界潮流之必然。郭尝言："西洋之入中国，诚为天地之一大变。其气机甚远，得其道而顺应之，亦足为中国之利。"与洋务派同僚被动应对外洋事务不同，他主张积极面对，主动参与。在具体学习西方的洋务运动方面，他主张辨明本末，循序渐进，而不能不分轻重缓急，治标不治本。郭嵩焘在使英期间曾与严复探讨如何学习西法的问题。严复引左宗棠的话说："泰西有，中国不必傲以无；泰西巧，中国不必傲以拙。人既跨骏，则我不得骑驴；人既操舟，则我不得结筏。"左宗棠的观点代表了绝大部分洋务派希望仿效西方，实现坚船利炮的主张，郭对此主张却颇不以为然。他认为左宗棠及整个洋务派在洋务认识上不辨本末，急躁蹴等。郭主张洋务实践应以通商为本，培育经济基础；以政教为本，行君主立宪，培育利于工商的政治环境；以人心风俗为本，培育良好的社会风气与人才群体。郭晚年"不以显晦进退为异"，孜孜于教育事业，掌教城南书院，恢复湘水校经堂，创办思贤讲舍，并创立禁烟公社，正是因为他深刻认识到教育事业与人心风俗之重要。

正由于郭嵩焘的见识超出侪辈甚远，所以他对当时最知名的洋务官员都有所批评，除左宗棠外，还包括李鸿章、沈葆桢、丁日昌、彭玉麟、曾纪泽及张之洞等。从英国回国返湘后不久，有友人劝其不谈洋务，郭回答说：

> 吾谓并不见人，然固不可不谈洋务。所以谈者，欲使人稍知节要，以保国有余。苟坐听其昏顽而已，不动兵则坐削，一旦用兵，必折而为印度。此何等关系，则可不言乎？世俗之说，但谓不知言之人不可与言。此乃无关系言之。苟有关系，忍坐视乎？……夫惟其知之也，以先知觉后知，以先觉觉后觉，予于此亦有所不敢辞，于区区世俗之毁誉奚校哉！

郭嵩焘对于自己所肩负的历史使命是有清醒认识的，所以才敢于"置区区世俗之毁誉"于不顾，毅然承担起"以先知觉后知，以先觉觉后觉"的重任。这种爱国热忱与强烈的历史使命感以及敢为天下先的自醒自觉，实与湖湘文化内在精神传统一脉相承；其从政治、经济及思想文化领域全面改革的主张，既是对洋务派思想的全面超越，又实为谭嗣同等维新派思想之先声，即使放在改革开放的今天，其思想仍有现实意义。愚以为，在"湖湘文化十杰"的榜单上，郭嵩焘之取代左宗棠是站得住脚的。

谭嗣同作为维新派的重要代表人物，在近代湖湘士人中的地位是无可替代的。他早年亦深受湖湘经世学风影响，注重实学，喜谈王霸之略，足迹历遍东南、西北诸省，熟悉各地山川形胜与风俗民情。他研究过清初黄宗羲、顾炎武与王夫之等人的著作，接触过《海国图志》与《瀛环志略》等西学书籍，了解过一些近代自然科学知识，但其三十岁以前所学仍属旧学范畴。

甲午战争后，谭嗣同的思想发生剧变，开始摆脱旧学羁绊，成为冲决专制罗网的激进维新志士。

谭嗣同主要的著作为1896年写成的《仁学》，该书大声疾呼变法维新是救亡图存的当务之急，"变法则民智""变法则民富""变法则民强""变法则民生"。《仁学》还勇敢地发出"冲决网罗"的呼声，不但要"冲决利禄之网罗""俗学之网罗"，还要"冲决君主之网罗""伦常之网罗"，这种反君主专制的思想，闪烁着民主主义的思想光辉。

1897年10月，谭嗣同弃官回湘，在巡抚陈宝箴支持下，与梁启超、唐才常等人积极开展变法维新的宣传与组织活动，提倡新学，筹划新政，使湖南成为当时全国变法运动中最富有朝气的省份。

1898年夏，光绪帝下诏变法。谭嗣同被召以"四品卿衔军机章京"参与新政。旋即百日维新失败，谭嗣同以自己的牺牲向顽固守旧势力作最后的反抗。他对劝他离开的人说："各国变法无不从流血而成，今日中国未闻有因变法而流血者，此国之所以不昌也。有之，请自嗣同始。"菜市口引颈就戮的谭嗣同以身殉道，终结了湖湘士人在传统道路上的努力，开创了湖湘士人新的救国之路，也激励着以黄兴、宋教仁和蔡锷所谓"辛亥湖南三杰"为代表的革命志士。

以上我已将九人列入"湖湘文化十杰"榜单，他们是屈原、周敦颐、胡宏、张栻、王夫之、魏源、曾国藩、郭嵩焘和谭嗣同。那么这个榜单的殿军只可能是"辛亥湖南三杰"中的一位了，但愚以为不应该是这次评选中已入选的黄兴与蔡锷，而恰恰应当是被忽略的宋教仁。黄兴和蔡锷在辛亥革命和之后的护国运动中以事功著称，两人基本上属于同一类人物，且可以被同样作为前述"辛亥湖南三杰"之一的宋教仁所代表，但宋教仁光耀千秋的政学思想与宪政实践，却无法被黄兴与蔡锷所代替。

宋教仁于1903年结识黄兴，于1904年与黄兴等正式成立华兴会，同年东渡日本，入东京政法大学、早稻田大学学习。1905年，孙中山等在东京成立同盟会，宋教仁成为与孙中山、黄兴并称的主要领导人，但宋的政治理念与孙、黄都有很大差异。

1905年8月，清廷刚开始议论立宪，宋教仁立即发表了《清太后之宪政谈》，剖析清廷立宪的可能性。他认为"立宪国民，其义务必平等""立宪国民，其权利必平等""立宪国民，有监督财政之权"，从这三个方面看清政府不可能真正立宪。义务平等、权利平等、监督财政确是宪政民主的基本内容与基本制度框架，说明此时的宋教仁已经把握了宪政民主的基本要领。

1911 年 10 月，武昌起义爆发，12 月 25 日，孙中山回国，第二天在寓所召开同盟会高级干部会议，讨论未来新政府的组织方案时，即出现重大分歧。宋教仁极力主张责任内阁制，他说："内阁不善而可以更迭之，总统不善则无术变易之，如必欲变易之，必致动摇国本。"他之所以坚决主张责任内阁制，主要在于他试图通过这一制度性的设计而由革命党人掌握政府的实际权力，从而排除专制制度、专制思想以及可能存在的政治强人对新政权的不良影响。

中国有两千余年根深蒂固的专制主义传统，且没有经历过像欧美那样长期的思想启蒙，如若实行总统制，任何一个当上总统的人物都有可能走向威权统治，甚至专制独裁，后来历史的走向即可证明。效仿法国式的责任内阁制而非美国式的总统制，在制度安排上对可能出现的政治强人进行约束，确乎是宋教仁经过深思熟虑的。

但孙中山坚决主张总统制，且得到多数与会者的支持，会议最终决定实行总统制。

1912 年元旦，中华民国临时政府成立，孙中山任临时大总统，宋教仁任法制院院长。不久形势发生戏剧性变化。2 月 12 日，清帝逊位，依照以前革命党与袁世凯达成的协定，孙中山辞去临时大总统，由袁世凯继任。这时革命党人一致决定未来的中华民国政府实行责任内阁制，1912 年 3 月 11 日实施的《中华民国临时约法》为这一制度作了宪法保障。

宋教仁认为实现他的政党政治、议会政治和宪政民主的机会到了，准备大干一场。他很快即展现其言论丰采、思想魅力以及极强的领导魄力与组织才能。

这年秋天宋教仁联合五个政党组建国民党，他认为新建立的国民党属于"革命的政党"，不同于以前属于"革命党"的同盟会。1913年2月1日，他在国民党鄂支部欢迎会的演讲中，明确提出了"革命党"与"革命的政党"的概念："以前，我们是革命党；现在，我们是革命的政党。""革命党"与"革命的政党"的区别在于："革命党"是秘密的组织，"革命的政党"是公开的组织；"革命党"是"旧的破坏的时期"的组织，"革命的政党"是"新的建设时期"的组织；"革命党"对敌人，"是拿出铁血的精神，同他们奋斗"，"革命的政党"对于"敌党"，"是拿出政治的见解，同他们奋斗"。他坚信"虽然我们没有掌握着军权和治权，但是我们的党是站在民众方面的"，所以可以通过选举取胜，"民众信赖我们，政治的胜利一定属于我们"。他进一步论述："吾党昔为革命团体，今为政党"，但性质相同，"革党与政党，其利国福民，改良政治之目的，则无不同"。"本党今昔所持之态度与手段，本不相合；然牺牲的进取的精神，则始终一贯，不能更易也。"不同之处是："昔日所用激烈手段谋破坏，今日则用平和手段谋建设。"因此，"吾人只求制定真正的共和宪法，产出纯粹的政党内阁，此后政治进行，先问诸法，然后问诸人。凡共和国家存在之原理，大抵如此"。他关于"革命党"与"革命的政党"同异的论述虽只短短几句，却发人所未发，道出了政党政治与议会政治的精髓，充满政治洞见。

在随后（1913年3月）举行的中华民国第一届国会参、众两院选举中，国民党获得了压倒性的胜利。宋教仁此时已是众望所归，他如到京，据《临时约法》即可组织责任内阁，实现其政党政治与宪政民主的理想似乎指日可待。然而，1913 年 3 月 20 日，上海火车站一颗罪恶的子弹结束了他年轻的生命，也击碎了民初宪政民主的梦想。国民党失去精神支柱与实际能够驾驭的领袖，很快就在袁世凯的威逼利诱之下四分五裂，孙中山、黄兴也借机发动"二次革命"，中国再次陷入战争与动荡之中。那颗结束一个伟大生命的带毒的子弹似乎也成了一个隐喻，一个中国民主化进程充满痛苦、步履艰难的象征。

宋教仁的政治理念与实践超越了湖湘文化乃至中国数千年来的政学思想与政治实践，这是我将宋教仁列为"湖湘文化十杰"榜单殿军的原因。

综上所述，屈原代表湖湘文化发展史上的第一阶段，即楚文化和中原文化（特别是儒家文化）注入湖湘，成为湖湘文化的母体，形成上下求索、心忧天下的家国情怀；周敦颐、胡宏、张栻和王夫之代表湖湘文化的第二阶段，形成以理学精神为核心的湖湘文化内在精神传统，包括理学的道统、学统以及经世致用的学风；魏源、曾国藩、郭嵩焘、谭嗣同和宋教仁则代表湖湘文化的第三阶段，体现了对湖湘文化这一内在精神传统的阐释、实践、传播、创新与超越。

（本文原刊于《书屋》2016 年第 5 期，原标题为《湖湘文化十杰刍议——兼论湖湘文化的发展脉络与内在精神》）

打通"三教"的周敦颐

　　湖南岳麓书院文庙两庑曾有一楹联："吾道南来，本是濂溪一脉；大江东去，无非湘水余波"，为晚清湖南名士王闿运所撰。据说章太炎先生曾于南京见过这副对联，连呼数声"狂妄"，但于上联也无以辩驳，因为该联所言濂溪先生即为周敦颐，他是理学（道学）的开山之祖，这是毋庸置疑的。

　　事实上，周敦颐在中国思想史和学术史上的地位，不仅章太炎先生是承认的，而且从周敦颐同时代开始，学者们就认为其"功盖在孔孟之间"。黄庭坚说他："人品甚高，胸中洒落，如光风霁月。""短于取名，而长于求志；薄于徼福，而厚于得民；菲于奉身，而燕及茕嫠；陋于希世，而尚友千古。"这是从人品上对周敦颐的高度赞扬。稍后于黄庭坚的著名学者胡宏（湖湘学派创立者）对周的学术进行了系统的评述，他在《通书序略》中说："今周子启程氏兄弟以不传之妙，一回万古之光明，如日丽天；将为百世之利泽，如水行地；其功盖在孔孟之间矣。"胡宏所说的程氏兄弟即大名鼎鼎的程颢、程颐，他们从周敦颐学，而终为理学的奠基者。成书于元朝的《宋史》有《周敦颐传》，它在转引了黄庭坚的品评之后，对周氏的学术和思想进行了高度的概括和总结："（周）博学力行，著《太极图》，明天理之根源，究万物之终始。……又著《通书》四十篇，发明太极之蕴。序者谓其言约而道大，文质而义精，得孔孟之本源，大有功于学者也。"

这些与周敦颐同时代或稍后的评论，引起了我对周氏的浓厚兴趣，我一度查找和收集周氏的全部著作来进行研读，但周氏留下的文字数量可能会令人失望，他的全部著作只有区区的六千余言，但读过之后你也一定会恍然大悟，诚如《宋史》本传的评论所言，"其言约而道大，文质而义精"。真正有大学问和大智慧的人是无须多言的。

周敦颐（1017—1073），字茂叔，原名敦实，后避宋英宗讳改，道州营道（今湖南道县）人，谥号为元，称元公，自号为濂溪，学者称濂溪先生。其家世代书香门第，父周辅成赐进士出身，官至谏议大夫。

周敦颐少年时父亲病逝，随母投奔其舅父郑向。在郑向的指点下，周敦颐攻读经史，行谊早闻于时。后来朝廷给予郑向一个恩荫子弟的机会，郑向没有推荐自己的儿子，而是推荐了外甥周敦颐。

周敦颐在今天的湖南、江西和广东等地做了三十来年的地方官，最高职务为广南东路转运判官、提点刑狱。他在理政之余潜心钻研经书与学问。三十多年仕宦生涯中东奔西跑虽然劳累，但也得以开阔眼界与胸襟，这也许是学问家与思想家的濂溪先生之幸。

周的著作流传至今的主要有《爱莲说》《太极图说》《通书》（又名《易通》）及其它一些诗文。文字最多的《通书》不到三千言，而大家耳熟能详的《爱莲说》只有119字，正是这几篇文章奠定了周敦颐的思想体系。

我们先来读《爱莲说》：

> 水陆草木之花，可爱者甚蕃。晋陶渊明独爱菊。自李唐来，世人盛爱牡丹。予独爱莲之出淤泥而不染，濯清涟而不妖，中通外直，不蔓不枝，香远益清，亭亭净植，可远观而不可亵玩焉。予谓菊，花之隐逸者也；牡丹，花之富贵者也；莲，花之君子者也。噫，菊之爱，陶后鲜有闻。莲之爱，同予者何人？牡丹之爱，宜乎众矣！

《爱莲说》从问世以来就流传十分广泛，它不仅是一篇文字优美的古文范文，而且是一篇蕴藏着深刻思想内容的佳作。但千年以来，大多数读者只是把它当作一篇励志美文，把莲花当作君子人格的象征，而忽略了它更深刻的思想内涵。

《爱莲说》一文作于佛教胜地庐山脚下的"濂溪书堂"，濂溪发源于莲花峰下，水中长着成片莲花。周敦颐触景生情，遂作此文。后来周敦颐邀同僚余杭人钱建侯、沈希颜同游赣南于都罗田岩。罗田是当时的佛教圣地，建有"华岩禅院"，享有盛誉。沈希颜是书法大家，周敦颐将《爱莲说》交给沈摩刻于罗田岩的悬崖上，《爱莲说》遂流传于世。这是周敦颐唯一一篇以摩崖石刻的形式发表的作品，可见作者对它的重视程度。但后世的理学家及其他学者对《爱莲说》的重视远不及被比作《论语》《孟子》的《太极图说》《通书》。在《爱莲说》中，周敦颐极力赞美莲花的清香、洁净、亭立、修整的特性与飘逸、脱俗的神采，称颂莲花出于污泥而不染，荡于清涟而不妖的高雅淡泊气质，但这并不只是从审美的角度赏花，而是展露他那思想深处的佛学因缘。众所皆知，莲花是佛教之花，佛祖、菩萨所坐所立亦为莲花台。《华严经探玄记》也以莲花比喻真如佛性："如世莲华，在泥不染，譬如法界真如，在世不为世法所污。"周敦颐在《爱莲说》中说"予独爱莲之出淤泥而不染，濯清涟而不妖，中通外直，不蔓不枝，香远益清，亭亭净植，可远观而不可亵玩焉"，则是用形象的语言对《华严经探玄记》中的这一比喻进行描述。在这里以莲花比喻人性的至善、清净和不被污染，将出于淤泥而不染的莲花之性，作为理想的圣人之性的象征，而淤泥则好比污染人性的欲望。在他看来，追求人性的至善至美，必须去污存净，去欲存诚，使人性达到像莲花那样洁净无瑕的境地。

《爱莲说》实际上体现了儒家的君子人格与佛家的真如佛性合二为一，周敦颐援佛入儒，主动打通儒佛的深层意蕴就不难看出了。

我们再来读《太极图说》，它是对道教《太极图》的解说，全文仅有249字，照引如下：

> 无极而太极。太极动而生阳，动极而静；静而生阴，静极复动。一动一静，互为其根。分阴分阳，两仪立焉。阳变阴合而生水、火、木、金、土。五气顺布，四时行焉。五行，一阴阳也；阴阳，一太极也；太极，本无极也。五行之生也，

各一其性。无极之真，二五之精，妙合而凝。乾道成男，坤道成女，二气交感，化生万物。万物生生，而变化无穷焉。惟人也，得其秀而最灵。形既生矣，神发知矣，五性感动而善恶分，万事出矣。圣人定之以中正仁义而主静，立人极焉。故圣人"与天地合其德，日月合其明，四时合其序，鬼神合其吉凶"。君子修之吉，小人悖之凶。故曰："立天之道，曰阴与阳；立地之道，曰柔与刚；立人之道，曰仁与义。"又曰："原始反终，故知死生之说。"大哉易也，斯其至矣。

《太极图》源于道教的《太极先天图》，后者见录于《道藏》之《上方大洞真元妙经图》中，作于隋唐之际。《太极图》是用几个大小不等的圆圈构成的写意残图，形象地表示出道（"太极"）的运行变化过程。周敦颐看到《太极先天图》后，变动了它的秩序，改变了它的名称，绘制出新的太极图（见图）。

周敦颐所用《太极图》最上圈表示世界"自无极而为太极"的最原始的状态；第二圈是坎离二卦的交合图式，表示阳动阴静；第三层五小圈归于一圈，表示五行各有自己本身的特性；第四圈表示乾道成男，坤道成女，即人类的产生；第五圈表示万物化生，太极产生世界的整个过程的终结。

周敦颐的《太极图》和《太极图说》展现了一个全新的宇宙生成模式。在他看来，大千世界，芸芸众生皆源于一个寂寞不动、无形无象的"无极"，像老子在《道德经》中描绘的那个"道"一样，"寂兮寥兮，独立而不改"，在天地万物产生之前就已经存在。之后，由"无极"产生出作为宇宙原始状态的"太极"。它永远处于不停顿地动静交替的过程中，动时生阳，静时

生阴。无极虽名之为无,但无中生有,所以无不是绝对的虚空;太极来源于无极,虽然不像无极那样虚无飘忽,却也并非可以名状的具体存在。周敦颐在宇宙起源问题上吸取了《道德经》中"道生一,一生二,二生三,三生万物"的思想,并且融合了佛家"非有非无"的观念,从而构建起儒学新的本体论和宇宙论。

周敦颐用这种独特的方式,在《通书》中阐明人性和道德起源的问题,这个问题也是整个宋明理学宇宙生成论的最后归宿。后来以程颢、程颐和朱熹为代表的理学家们不厌其烦地反复论述理生万物的宇宙模式,目的无非就是为了从天地生成的哲学高度溯源社会道德的产生,为伦理纲常的神圣性和永恒性寻找更有力的理论依据。从这个角度来说，周敦颐就堪称"理学之宗"。

　　周敦颐的《通书》是其著作中篇幅最长的一篇，南宋时即广泛流传于世间。《通书》全书共四十章，它与历代的其他易学著述都不相同，它不是对《易经》进行逐卦逐条的解读，而是先引用《易经》若干经文，再进行阐发性的议论，从而借此表达自己的思想。而且《通书》不是一篇单纯的易学著作，还涉及对《论语》《春秋》《大学》《礼记》等经书的解读，特别是着重对子思和孟子以来关于"诚"的学说加以重新解读，形成周敦颐自己的道德论与人性论。

　　在周敦颐看来，虽然如孟子所言人性本善，但由于后天的环境影响，善的本性会被蒙蔽与污染，所以恶人恶行会层出不穷，因而要想实现人性的至善，个人的修为至关重要，而修为的核心是"诚"。"诚者圣人之本，'大哉乾元，万物资始'，诚之源也。'乾道变化，各正性命'，诚斯立焉。纯粹至善者也"。"诚"源于世界的最初本原"无极"，又体现了太极的道德本质，因此，它是圣人立身之德，是"五常之本，百行之原"，总之，它是道德的源泉，它本身是纯然至善的。怎样才能使人性达到并保持"至诚"的境界？在《太极图说》中，周敦颐已提出"主静"的道德修养方法，《通书》则进一步指出，主静的关键在于寡欲，寡欲的目的是无欲，只有无私无欲，才能成为至圣。周敦颐的道德说教，正是通过压抑、限制人的自然本性来换取社会道德的持久性，使人们放弃自我而同化到统一的道德意志中去。他的"惩忿窒欲，迁善改过"的修养论，创立了理学的一个重要论题，成为程朱理学"存天理，灭人欲"这一命题的理论先导。如果说《太极图说》展示了理学体系的框架结构，那么《通书》则对人性论和道德论这些重要的理论环节作了具体论述，二者相辅相成，互为补充。

《通书》还从哲学的高度阐述了礼乐的社会功能，周敦颐认为，"礼"即"理"，能有效维护社会的稳定和统一，"圣人制礼法，修教化，三纲正，九畴叙，百姓大和，万物咸若"；而乐的作用就在于"宣八风之气"，"平天下之情"，使人不起欲念，放弃躁竞。他主张以礼为规范，以乐为润滑剂，在礼乐的共同作用下，社会就能秩序井然，和谐与统一。

至此，周敦颐援佛入儒，援道入儒，打通三教，开创理学，对宋、元、明、清的中国思想史产生了深刻的影响。周敦颐著作中所使用的范畴，如无极、太极、阴阳、动静、性命、善恶、主静等，也为后世的理学家反复使用，有的则构成了理学范畴体系的重要内容。

周敦颐的理学思想对湖湘文化的形成也产生了深远影响。宋代以前的文献论及的湖南地区大抵上不过是"烟瘴之地""流放之乡"，但是自周敦颐以来，以岳麓书院为代表的湖湘俨然成为中国的理学重镇。湖南士林正是凭借这种道德的自醒自觉和文化的自新自信，高筑起一道湖湘文化的精神大堤，近几百年来在一个"四塞之国"中，养成了坚毅忍耐的性格特质，"打落牙齿和血吞"。他们既演文习武，耕读传家，又务实变通，心忧天下，在中国近代的历史舞台上扮演着十分重要的角色。

（原载《书屋》2015 年第 7 期）

遗直如公真大度，老成当国有深谋

——明初重臣夏原吉

一

20世纪80年代初期，我在湘阴一中上高中。当时学校田径场东边的围墙有一小缺口，不知何故很久都没有修补。一次体育课间，出于好奇，我从缺口处溜出，只见一片很大的菜园，事后得知此即著名的"夏家菜园"。校园围墙不远处有一坟堆，墓碑仆倒断裂，依稀可辨"夏原吉"等字迹；坟上有数处洞穴，想必墓室早已遭毁坏。墓地附近有残破的一处建筑，断垣危堁，后来得知此即夏家祠堂。经此一幕，"夏原吉"这个名字已深印于我的脑海。

去年暑假，为寻访夏原吉之历史遗迹，我回到了故乡县城。母校湘阴一中已搬至别处办学，我上学的地方已换成了"左宗棠中学"。校园围墙外的"夏家菜园"早被钢筋水泥丛林取代；夏原吉墓地、夏家祠堂更无踪影。

是日我心情有些沮丧，吟诵着郭嵩焘（1818—1891）拜谒夏原吉墓时所作的一首七律而返：

> 臣里山川少日游，尚书事业有荒丘。
>
> 南湖烟雨林泉渺，北伐旌旗涕泗流。
>
> 遗直如公真大度，老成当国有深谋。
>
> 我来下马寻残碣，古木西风飒飒秋。

二

夏原吉（1367—1430），字维喆，祖籍江西德兴，出生于湖南湘阴。其父夏时敏于明初出任湘阴县学教谕，其家遂定居湘阴。

夏原吉早年丧父，未能科举入仕，洪武二十年（1387），以乡荐入太学。时太学生常大声喧闹，原吉独端坐读书不辍。适逢明太祖考察太学，知其颇不平凡，乃选其入宫，书写制诰。洪武二十六年（1393），夏原吉升任户部主事。洪武三十一年（1398），建文帝即位，任原吉为户部右侍郎，时年三十二岁。明成祖得大位（1402）后，即任命夏原吉为户部尚书。此后原吉历永乐、洪熙、宣德三朝，总揽全国财政，直至宣德五年（1430）去世。

治世之能吏

夏原吉的治世之才主要表现在两方面：其一为治水之专家，其二为理财之圣手。

明成祖即位之初，苏州府、松江府一带洪水泛滥，有关官员治理不力。永乐元年（1403），成祖命夏原吉前往治理，侍郎李文郁为其副手。原吉至苏淞后，多次进行实地考察，确定水患主因是太湖下泄河道不畅，以至水患频仍，乃效大禹治水之法，重在疏浚。他动用十数万民工，全力疏浚苏州河、吴淞江、黄浦江，并量地建闸，按季节的变化开闭闸门。在治水工地，他身穿布衣，徒步往返，日夜谋划，即使盛夏也不张伞盖。永乐二年（1404）正月，夏原吉再次前往苏淞一带，疏浚了白茆塘、刘家河、大黄浦等，至九月工程完工。

夏原吉治理苏淞之前，苏州河、黄浦江等河道淤塞，船行不畅，彼时之上海仅为一渔村码头，主要用来晾晒鱼网。由于夏原吉疏浚苏州河、吴淞江、黄浦江，不但治理了水患，而且使航道畅通，之后上海港逐步发展起来，成为后来重要的航运中心；可以说，夏原吉乃上海港之奠基人。

永乐三年（1405），户部尚书郁新去世，明成祖将夏原吉从苏淞地区召回，接替郁新总揽全国财政。甫一上任，原吉即请求裁减过多的朝廷开支，并主张减轻田赋徭役，让人民休养生息。同时严厉实行食盐专卖制度，使盐税成为国家的一项重要收入来源。接着，他大力推广边境军屯，既保证边防将士的粮食供应，又可减轻人民负担。为了做到对全国各地的账目心中有数，他将各地户口、府库、田赋增减数目用小本子记好，随时带在身上，以方便查阅。有一次，明成祖问他天下钱粮数目，他将各布政司、各府州的情况都讲得非常详尽，明成祖对他刮目相看，由此更加器重。当时，靖难之役刚结束，明成祖大封勋旧、功臣，并增设武卫百司。不久明成祖又兴兵八十万讨伐安南，并命宦官监造巨舰，命郑和率庞大舰队出使海外诸国；同时又命令营建北京城，大修宫室，准备迁都北京。种种事项供应转输的财物数以亿计，夏原吉都能尽心筹划，保证了各项事务有条不紊地进行。

从永乐初年直至宣德五年去世，夏原吉长期任职户部，总揽全国财政。国家财政事务千端万绪，他总能处理得井井有条，无愧于《明史》对其"股肱之任""蔚为宗臣"的赞语。

忠廉之贤臣

夏原吉也是古代贤臣之典范，高居庙堂则忧其民，远处江湖则忧其君，朝乾夕惕，宵食旰衣，即使罹祸下狱，仍坚贞不二，尽瘁事国。

永乐十九年（1421）冬，明成祖决计第二年大举远征漠北，命夏原吉与礼部尚书吕震、兵部尚书方宾、工部尚书吴中等十余重臣专议出兵北征事宜。

在此之前，明成祖对蒙古各部已有四次亲征。此四次出征，夏原吉没有反对，而是尽户部尚书之责，尽心筹措军粮物资，以功多次获皇帝嘉奖。

然而面对明成祖即将进行的第五次亲征，夏原吉坚决反对。他充分估计敌我双方的情况，认为敌方部众散居蒙古草原，且善骑术，当我方大兵进剿时，敌方则分散逃匿，追之莫及，劳而无功；而我方皇上时年六十有五，年事已高，体力已大不如前；且连年征战，劳民伤财，国库空虚。他认为，对付蒙古人最好之法乃是双方互市修好。

此次御前廷议后，兵部尚书方宾力言军费匮乏，已引起明成祖的不快。在此情形下，夏原吉决定冒死力谏。他指出，连年征战无功而返，军马储备已损失十之八九，加上灾荒不断，现今已是内外交困。并指出此时永乐帝御体欠安，尚需调养，即使出兵也只能遣将挂帅。明成祖被触怒，将夏原吉下狱。工部尚书吴中因极力反对而遭下狱，方宾因恐惧而自杀身亡。礼部尚书吕震见风使舵，为讨好永乐帝而表示赞成。

夏原吉自二十四岁被明太祖召入宫中，至五十九岁因死谏下狱，是入朝为官三十五年来唯一一次遭到严厉惩罚。此次虽没能阻止永乐帝亲征，但他认为尽到了臣子的责任，不负自身的赤胆忠心。

此番明成祖亲征，如夏原吉所料并未遭遇到敌人，最终因粮尽而返。在回到榆木川时，永乐帝病危，对左右人说"夏原吉爱我"，始有悔意。

夏原吉遭下狱之时，家中即遭查抄，所列财产除皇帝所赐之财物外，余皆布衣瓦罐，别无长物。一个总揽全国财政二十余年的大臣，其清廉可见一斑。

终夏原吉一生，官居户部尚书，经理钱财以亿万计，然两袖清风，纤尘不染。且家无门童侍女，布衣素食，生活如普通百姓般。

宣德五年（1430），夏原吉卒于任上，谥忠靖，归葬于湘阴。时人赞曰："德足以格君，而不言其直；量足以容物，而不足言其善；身足以任天下之重，而不言其功。"

　　"遗直如公真大度，老成当国有深谋"，布衣尚书夏原吉确为古代之良臣，当世之师表也！

　　　　　　　　　　（原载《书屋》2018 年第 11 期）

诗人李东阳与茶陵诗派

一

明弘治年间（1488—1505），湖广籍诗人彭民望自京落魄返湘，好友李东阳挂念不已，作《寄彭民望》诗：

> 斫地哀歌兴未阑，归来长铗尚须弹。
>
> 秋风布褐衣犹短，夜雨江湖梦亦寒。
>
> 木叶下时惊岁晚，人情阅尽见交难。
>
> 长安旅食淹留地，惭愧先生苜蓿盘。

彭民望收到寄诗，潸然泪下，为之悲歌数十遍不休，并对其子说："西涯所造，一至此乎！恨不得尊酒重论文耳。"不到一年，彭民望抑郁而逝。

诗的首联化用杜甫《短歌行赠王郎司直》"王郎酒酣拔剑斫地歌莫哀，我能拔尔抑塞磊落之奇才"之意，下句用战国时期冯谖客食孟尝君的典故，写彭民望虽然英雄落魄，但不失豪迈之气。颔联承接首联，极状彭氏归湘时之凄凉苦境，"秋风布褐衣尤短，夜雨江湖梦亦寒"。颈联源自屈原《九歌·湘君》"袅袅兮秋风，洞庭波兮木叶下"，以及杜甫《秋兴八首》其五"一卧沧江惊岁晚"。在萧瑟秋风之中，感叹时光之流逝，交友之难，反衬出李东阳对朋友的真挚情意。尾联由所寄之人联想到作者本人，谓彭失意南归，而自己却不得不为衣食之计淹留京师，不能与友人共慰寂寥，也隐含了诗人无力助友的遗憾。

全诗入木三分地刻画出彭民望返回湖湘时的凄苦悲凉，情真意切，催人泪下，无怪乎彭氏会为之悲歌数十遍不休，足见诗言真情之震撼力。

作为一位杰出的诗人，李东阳一生留下了大量感人至深、传之久远的诗篇，并开创了影响至大的茶陵诗派，这也是历史上最有名的以湖湘地域命名的诗派。

二

李东阳（1447—1516），字宾之，号西涯。祖籍湖广长沙府茶陵县（今湖南茶陵县），因家族世代行伍出身，入京师戍守，属金吾左卫籍。

李东阳八岁时以神童之名入顺天府学，天顺六年（1462）中举，天顺八年（1464）举二甲进士第一（第四名），时年十八岁。弘治八年（1495）以礼部右侍郎、侍读学士入值文渊阁，参预机务。李东阳立朝五十年，柄国十八载，清节不渝。官至光禄大夫、左柱国、少师、吏部尚书、华盖殿大学士。死后赠太师，谥文正。

李东阳是明代中叶杰出的政治家、文学家。作为当时的文坛领袖，他以一己之力开创了茶陵诗派，在当时以及后世产生了较大的影响。

茶陵诗派之得名较晚，最早正式见于清乾隆年间。在此之前，明人徐泰有过相似的提法，语见徐泰《诗谈》："庐陵杨士奇，格律清纯，实开西涯之派。"西涯为李东阳之号，茶陵为李东阳的祖籍，两者相去不远。明清之际钱谦益在《列朝诗集》丙集卷一"李少师东阳"条中也提到"西涯一派"："吾友程孟阳，读怀麓之诗，为之摘发其指意，洗刷其眉宇，百五十年之后，西涯一派焕然复开生面。"

到了乾隆年间，《四库全书》馆臣在沿袭前人"西涯之派"的基础上，正式提出"茶陵派"之说。《四库全书简明目录》卷十八《东江家藏集》提要称："（顾清）诗颇婉丽清新，文亦醇炼。在茶陵派内，可谓不失典型。"

茶陵诗派的形成有较为复杂的内外因素。有明一代，文人学士特别热衷于结社立派，有较强烈的宗派意识。结社立派一方面可以互相切磋文艺，另一方面则可标榜门户，党同伐异，而明人于后者尤其钟情。据明人范景文《葛震甫诗序》记载："余尝笑文人多事，坛坫相高。其意莫不欲尽易昔人所为，独雄千古，不知矫枉有过，指摘适滋。往者代生数人，相继以起，其议如波……今则各立户庭，同时并角，其议如讼。拟古造新，入途非一；尊吴右楚，我法坚持。彼此纷嚣，莫辨谁是。"这种结社立派之风气自然会影响到李东阳，他在任职翰林院时曾作诗谈及入社之情景：

> 鉴泉鳞石照无泥，细草青蒲意欲齐。
> 寂寂坐溪看雨到，亭亭驻勒近莺啼。
> 社中诗友惊频换，湖上山名问不迷。
> 兴发便须呼笔札，酒酣敧侧雁行题。

> 懒向江湖问楫师，江南江北两相思。
> 鸠巢近报移来宅，雁札遥传寄到诗。
> 城市行踪嗟我在，山林性格只君知。
> 如今旧社无新兴，不似星堂夜战时。

诗中提到"社中诗友惊频换"，可知其在社时间非短；"如今旧社无新兴"，可知其很早即参与诗社，且不止一个。能以李东阳为中心形成一个诗派，与这种诗坛结社之风密不可分。

当然，茶陵诗派的形成，其内在根源在于李东阳当时独特的地位及其影响深远的文艺观点。

据明人何良俊所著《四友斋丛说》卷八记载：

> 李文正当国时，每日朝罢，则门生群集其家，皆海内名流，其座上常满，殆无虚日，谈文讲艺，绝口不及势利。其文章亦足领袖一时。正恐兴事建功，或自有人。若论风流儒雅，虽前代宰相中亦罕见其比也。

同书卷十五记载：

李西涯长于诗文，力以主张斯道为己任。后进有文者，如汪石潭、邵二泉、钱鹤滩、顾东江、储柴墟、何燕泉辈，皆出其门。

李东阳以其独特的政治地位、突出的文学成就以及卓尔不群的文艺识见，吸引了一大批文人学士于己门下，已有文坛宗主之相，门生学士也自觉地视李为文坛盟主。

李东阳在与门人学士谈文论艺的同时，又以自己的文艺主张影响着他们，他们复被李的才华与精深的文艺思想所折服，而以宗主目之。明人靳贵《戒庵文集》卷六《怀麓堂文集后序》即谓李东阳："高文大册，黼黻皇猷，既有以耸圣治于汉、唐、宋之上，而一篇一咏，又皆流播四方，脍炙人口。盖操文柄四十余年，出其门者，号有家法。"

不少同年、同僚亦视李为文坛宗主，如谢铎《桃溪净稿》卷三十《读怀麓堂稿》称其："发而为文，则根据六籍，泛滥百家，随所欲言，无不如意，一时学者翕然宗之。先生方且自视欿然，虽与人无竞，而其中则固有不可夺者。"谢铎是茶陵派重要诗人，系李东阳天顺八年会试同年，同入翰林院。

一个文学流派的形成除了与开创者的独特地位有关外，还与其文艺思想的影响力密切相关。李东阳的时代，诗歌盛行卑冗委琐的台阁体。李力主革新，主张超越宋元，以盛唐为宗，以李白、杜甫之诗为师法典范，讲究声韵，倡导求真，即主张诗言真性情，描写真体验，抒发真感悟。这些主张得到许多门人弟子及同年、同僚的认同，成为茶陵派的理论基础，也是这一流派诗人活动的起点并形成其共有的诗文风格。

李东阳一生著述宏富，广泛流布，就诗稿而言，计有以下几种：

《南行稿》一卷，成化八年（1472）成集。当年李东阳陪父李淳回祖籍茶陵省亲，历时七月，行程万里，饱览山水，遍赏名胜，得诗一百二十六首，文五篇。

《北上录》一卷，成化十六年（1480）结集。是年，李东阳与同年罗璟赴南京主考应天府乡试。试毕，与南京士大夫燕会唱和，得赋一篇、诗一百零二首、联句二首、散文三篇。

《哭子录》一卷，弘治十四年（1501）结集。该年李东阳长子兆先不幸病卒，年二十七岁。友人多赋诗吊慰，李东阳答之，多至数十首。

《东祀录》三卷，成于弘治十七年（1504）。弘治十六年，山东曲阜孔庙毁于大火，次年重建。李东阳以内阁大学士身份前往祭祀，得诗二十八首，文十多篇，集成《东祀录》。

《集句录》一卷，成化十三年（1477）结集。这年春，李东阳告假养病，戒作诗，而戏集古句，略代讽咏，间以应酬。两月间得数十首，集为一卷。

《集句后录》一卷，弘治十七年（1504）冬至十八年春，李东阳于病中复集古句，抒怀酬赠，得数十首。

《拟古乐府》二卷，李东阳十分推赏汉魏乐府古辞，于弘治年间取史册所载忠臣义士、幽人贞妇、奇踪异事，拟作古乐府一百零一首，于弘治十七年初成两卷。后经友人谢铎、潘辰评点，门生何孟春为之作注。

《同声集》一卷，此集所收为李东阳与友人谢铎同官翰林时唱和之作。友人陈音为之作引。此集未见刻本，今不存。

《后同声集》一卷，此集收录李东阳与谢铎于弘治初复同官翰林唱和之作。吴宽为之作序。总共收录五十首。此集未见刻本，今不存。

以上除《同声集》《后同声集》外都被收录于《怀麓堂稿》。此为李东阳仕宦期间诗文作品集，有《诗稿》二十卷、《文稿》三十卷、《诗后稿》三十卷、《文后稿》三十卷，杂记七种，即《南行稿》《北上录》《讲读录》等。为李东阳生前自辑。《诗后稿》《文后稿》则由其门生何孟春编次。此稿始刻于正德十一年（1516），清代刻本名《怀麓堂集》或《怀麓堂全集》，清代刻本与明代刻本有较大差异。此稿今存。

另由弟子为其编辑刊刻《怀麓堂续稿》二十一卷，此稿主要收录李东阳致仕后四年间的诗文作品，包括诗八卷、文十二卷、补遗一卷。李东阳去世后的第二年，即正德十二年（1517），由门生张汝立等在苏州刊行。今存版本均有不同程度的残缺。

（原载《书屋》2019 年第 5 期）

王夫之和他身后的知音

一

　　我们今天提到王夫之，总会把他与周敦颐当作湖湘文化史上并峙的两座丰碑，或者是明清之际的一代儒宗，与黄宗羲、顾炎武并列。事实上，他在他生活的时代是寂寞而孤苦的，在他逝世后也长期不为人所知。他之所以赢得如此崇高的历史地位，与他身后的一批知音群体有很大的关系。

　　王夫之（1619—1692），字而农，号姜斋，湖南衡阳人，晚年隐居于湘水之西的石船山，学者称之为船山先生。

　　王夫之自幼即随父兄攻读儒家经典，诸子百家以及汉唐诗赋，文名重于乡里，十四岁中秀才，二十四岁中举人，其时已到明王朝存亡之秋，遂未参加明末最后一科会试。

　　崇祯十六年（1643），张献忠部攻下衡阳，邀请王夫之参加，遭其拒绝。顺治五年（1648），王夫之在衡阳举兵抗清，旋即战败。第二年王夫之南下广东肇庆，投奔南明桂王永历朝廷，被授予行人司行人的官职（八品）。在永历小朝廷，他亲眼目睹小朝廷争权夺利的内幕，且受到东阁大学士王化澄的打击迫害，不得已投奔在桂林的抗清将领瞿式耜。桂林失陷，瞿式耜被杀后，王夫之为躲避清军"薙发令"而流离于湘南零陵（今永州）的荒山野岭之间，自称瑶人，居瑶洞，生活十分艰难。顺治十四年（1657），王夫之年近四十，他回到衡阳老家，从此开始隐居著述的生活。

船山先生隐居时的生活条件十艰苦，"虽饥寒交迫，生死当前而不变"，至暮年，他体弱多病，难以下笔，"犹时置楮墨于卧榻之旁，力疾而纂注"。他一生著述一百多种，四百多卷，其中最重要的哲学、史学著作有《周易外传》《尚书引义》《诗广传》《张子正蒙注》《思问录》《读四书大全说》《读通鉴论》和《宋论》等。逝世前，他自题墓志："抱刘越石之孤愤，而命无从致；希张横渠之正学，而力不能企。"意思是说，他一生决心像西晋的名将刘琨那样抗击匈奴，报效国家，但命运不济；学术上他仰慕北宋的张载，为天地立心，为生民立命，为往圣继绝学，为万世开太平，但才力使他不能及。这是船山先生对其毕生政治活动与学术活动的自我总结。他对宋明理学乃至中国古代经学和史学既进行了系统性的批判总结，又有大胆的创新，对传统学术的继往开来作出了巨大的贡献。

但是，由于船山先生流寓乡曲山间，且极少授徒讲学，所以当时作为学问家和思想家的声名鲜为人知。时人对船山先生的认识，主要限于一个失国的遗民，一个有气节的士大夫，而乡人所知不过一个倔强而苦命的老头。

船山先生最早的知音是顺康时期的刘献廷。刘献廷（1648—1695），字继庄，别号广阳子，著有《广阳杂记》。康熙二十六年（1687）因万斯同之荐入京参明史馆事，编《明史》和《大清一统志》，康熙二十九年（1690）离京返吴，第二年冬天抵衡州，在衡州司马茹仪凤署中过年。翌年正月十八游南岳，此时船山先生刚逝世不久（正月初二日去世）。刘献廷依所闻见，始"识"船山，并大力称说船山："其学无所不窥，于六经皆有发明。洞庭之南，天地元气，圣贤学脉，仅此一线耳。"刘氏对船山先生的认识可以说是当时对船山先生的最高评价，已属难能可贵，但其评论仍然属于对传统儒学的继承与发扬的角度，还无法认识到船山先生思想的划时代意义。至于船山先生真正的知音或者知音群体的出现，要到大约一个半世纪以后。

二

嘉道年间，由于历史风潮所激，一个后世称之为"经世派"的湖湘士子群体拔地崛起，从陶澍、魏源到汤鹏、贺长龄、王文清、罗典、欧阳厚均、丁善庆、邓显鹤和唐鉴等人，他们慨然卓立，冲破保守愚昧，强梁自私的传统藩篱，以经营天下为志，主张通经以济世，不为古学所囿，"义以淑群，行必厉己，以开一代之风气"（钱基博《近百年湖南学风·导言》）。这一批湘籍士人相与往还，以乡为党，关心国事时务，深究天下利弊，对国家的漕运、河务、盐政、科举、官制、赋役、钱币、兵丁、边舆以及道德、风气和学术等都提出了许多建设性的意见，使岳麓书院逐渐成为经世派的大本营，并深刻影响了一大批在同光时期政坛上具有举足轻重地位的人物，如曾国藩、左宗棠、彭玉麟、胡林翼和郭嵩焘等，他们既是经世派的后劲，又是洋务派的先驱。

以上所举许多人物，构成了船山先生的隔代知音群体，他们理解、认同并大力阐发船山先生的"通经以致用"的思想，并为刊刻船山遗著殚精竭虑，或者为争船山先生在全国的学术地位不遗余力。

在这个船山先生的后辈湘人群体中，唐鉴对船山先生的理解与评价可谓起到了承上启下的作用，即上承刘献廷，下启曾国藩和郭嵩焘。

唐鉴（1778—1861），字栗生，号镜海，湖南善化人（今长沙县）。唐鉴在其所著《学案小识》卷三中是这样评说船山先生的："理究天人，事通古今，探道德性命之原，明得丧兴亡之故，流连颠沛而不违其仁，险阻艰难而不失其正。穷居四十余年，身足以砺金石；著书三百余卷（实为四百余卷），言足以名山川。遁迹自甘，立心恒苦，寄怀弥远，见性愈真。奸邪莫之能撄，渠逆莫之能摄，岭崎莫之能踬，空乏莫之能穷。先生之道可以奋乎百世矣！其为学也，由关而洛而闽，力诋殊途，归宿正轨。"唐鉴对船山先生的极力推崇深刻地影响了其弟子曾国藩，并通过曾国藩影响到郭嵩焘。

曾国藩不仅服膺船山先生学说，并身体力行，成为早期洋务事业的核心人物，而且对船山先生遗著的刊刻和流传发挥了不可替代的作用。

船山先生去世以后，其子王敔于康熙四十一年（1702）开始刻印《船山遗书》，仅十余种，船山先生著作大多湮没无闻。直到同治四年（1865），曾国藩、曾国荃兄弟在邓显鹤等人的基础上，专门开书局刻印《船山遗书》，收入著作五十七种，二百八十八卷。

邓显鹤（1777—1851），字湘皋，湖南新化人，首开组织大规模点校刊刻《船山遗书》之功，并且最早把船山先生提到与顾炎武和黄宗羲并列的地位，使船山之学得以显扬于世，湖南后学称他为"楚南文献第一人"，而梁启超则称之为"湘学复兴之导师"。

邓显鹤最早接触船山先生著作是在嘉庆年间，当时衡阳翰林马倚元主持汇江书室，曾刊刻几种船山著作，赠予邓几册，立即引起邓的高度重视，从此"慨然发愤，思购求先生全书，精审锓木，嘉惠来学（邓显鹤《船山著述目录书后》）。"

道光二十三年（1843），邓氏在长沙编纂《沅湘耆旧集》，征求船山遗诗、遗著。船山先生裔孙王世全闻讯，遂通过欧阳兆熊引见邓氏，并送来船山诗集，后汇刻船山遗著五十余种，一百八十卷，称王氏守遗经书屋本。

邓显鹤自知精力、财力有限，难以收罗全部船山遗著，遂托请其私淑弟子曾国藩广为收罗。

曾国藩早年求学于岳麓学院，对船山先生经世致用之学深为认同并极力推崇，后组建湘军与太平军作战，每攻下一地必尽力搜罗船山著作，后汇至六十二种计三百二十二卷。此时《船山遗书》之前刻版已被毁于战火，曾氏遂有重刻《船山遗书》之念。

同治二年（1863），曾国藩"捐廉俸三万金"，在安庆设书局，准备刻印《船山遗书》。书局由欧阳兆熊负责，参加校刊的有十六人，而曾国藩尽管军务繁忙，对于书局的许多事务仍亲自过问，投入大量的时间和精力。为精刻船山遗书，曾国藩不惜重金，追求最好的正红梨木板，"书板俱选八分厚"，并且延聘写、刻俱佳的通人。校刊除十六位名士宿儒外，曾国藩也于军事政务之余亲自校阅"《礼记章句》四十九卷，《张子正蒙注》九卷，《读通鉴论》三十卷，《宋论》十五卷，《四书》《易》《诗》《春秋》诸经稗疏考异十四卷，订正讹脱百七十余事"（曾国藩《船山遗书序》）。

正是在曾国藩的亲力亲为下，《船山遗书》历时两年，从同治二年（1863）发其端，至同治四年（1865）刻竣，共计五十六种二百八十八卷，比前述王氏守遗经书屋本多出一百三十八卷，是我国历史上第一部较为系统全面的船山著作汇编。

三

郭嵩焘可以说是道咸同光时期经世派与洋务派中在思想上与情感上最能与船山先生相通的知音。

　　郭嵩焘于道光十六年（1836）就读于岳麓书院，其时山长为欧阳厚均（1766—1846）。欧阳山长执掌岳麓书院达二十七年之久（1818—1844），极力推崇船山先生提倡的经世致用的学风，对郭嵩焘影响颇大。

　　也正是在岳麓求学之时，郭与曾国藩、刘蓉、江忠源及罗泽南等湘中人物成为莫逆之交。他们声气相投，慨然以天下为己任，在学问与人格上都深受船山先生的启迪与感化。终郭氏一生，他最为仰慕的前辈乡贤除濂溪先生（周敦颐）外，就是船山先生。

　　郭嵩焘不仅是政治家，而且是学问家、思想家，他于经、史、子、集均有涉猎，留下了大量的著作，尤其在经、史方面造诣颇深。他的治学路径，遵循的即是"通经史以致用""通经史以治身心""通经史以为政"。在船山先生的所有著作中，他最为推崇的是《读通鉴论》与《宋论》。他在《黎肇琨〈读史法戒论〉序》一文中说："国朝王船山先生《通鉴论》出，尽古今之变，达人事之宜，通德类情，易简以知险阻，指论明确，粹然一出于正，使后人无复可以置议。故尝以谓读船山《通鉴论》，历代史论可以废。"

　　船山先生史论的精要除了经世致用的思想外，还有民族主义之大端，郭嵩焘虽未论及，想必是在当时的环境下不能明言，有意回避。但郭氏对船山先生几十种数百卷著作单单推崇《读通鉴论》和《宋论》，其深层意蕴不难窥见。郭氏去世后，近世英杰纷纷研读《读通鉴论》与《宋论》，多少是受到了郭嵩焘对船山先生史论推崇的影响。他们在反清的时代大潮中，需要张扬船山先生的民族主义思想，以助成民族主义革命。梁启超在《中国近三百年学术史》中说："自将《船山遗书》刻成之后，一般社会所最欢迎的是他的《读通鉴论》和《宋论》。这两部自然不是船山第一等著作，但在史评一类书里头，可以说是最有价值的。"梁任公讲的这种价值，就在于其民族主义思想，正如杨昌济在《静观室札记》中所言："王船山一生卓绝之处，在于主张民族主义，以汉族之受制于外来民族为深耻极痛。此是船山之大节，我辈所当知也。"

船山先生史论，得到郭嵩焘之后的后辈学人的如此推崇，亦可见郭氏识见之不凡。

郭嵩焘还通过建船山祠、思贤讲舍以及奏请朝廷将船山先生从祀文庙两庑等具体行动，弘扬船山思想。

同治九年（1870），郭嵩焘执掌城南书院，随即于书院南轩祠（张栻祠）旁建船山祠，并亲自撰写碑记，将王夫之与周敦颐并列为湖湘古代学术上的两大丰碑。其后郭又撰《船山先生祠安位告文》：

> 盖濂溪周子与吾夫子，相去七百载，屹立相望。揽道学之始终，亘湖湘而有光。其遗书五百卷，历二百余年而始出，嗟既远而弥芳。咸以谓两庑之祀，当在宋五子之列，而至今不获祀于其乡。如嵩焘之薄德，何敢仰希夫子而为之表章！意庶以乡贤之遗业，祐启后进，辟吾楚之榛荒。

在这篇告文中，郭氏希望王夫之也能像周敦颐一样从祀文庙（孔庙）两庑。在中国古代，一个学者能获得皇上恩准而从祀文庙两庑是最高的荣耀。周敦颐在南宋理宗时即被批准从祀。光绪二年（1876），郭时任兵部左侍郎，在出使前夕，专门上奏《请以王夫之从祀文庙疏》，疏中称：

> 夫之为明举人，笃守"程朱"，任道甚勇。……所著经说，言必征实，义必切理，持论明通，确以据依。亦可想见其学之深邃。而其他经史论说数十种，未经采取甚多。其尤精者《周易内传》《读四书大全》，实能窥见圣贤之用心而发明其精蕴，足补朱子之义所未备。生平践履笃实，造次必依礼法，发强刚毅，大节凛然。

在该疏的最后，郭嵩焘呼吁："如夫之学行精粹，以之从祀两庑，实足以光盛典而式士林。"

光绪三年（1877），郭嵩焘在英国得知其疏被礼部议驳，于是又上一折，请总理衙门代进，仍被驳回。光绪五年（1879），郭氏归国，得知奏疏被驳回的详情，决定回乡开立思贤讲舍，私祀船山先生。

郭嵩焘逝世后，先后有孔祥麟、赵启霖等上奏朝廷，请求将王夫之从祀文庙。直到光绪三十四年（1908），已是辛亥革命前夜了，赵启霖的奏疏《请三大儒从祀折》才被礼部批准。有意思的是，我们今人所谓的"明清之际三大儒"这个名称正与从祀过程暗合。

四

船山先生晚年有一首《鹧鸪天》词自题其肖像：

把镜相看认不来，问人云此是姜斋。龟于朽后随人卜，梦未圆时莫浪猜。

谁笔仗，此形骸。闲愁输汝两眉开。铅华未落君还在，我自从天乞活埋。

王夫之生前的孤苦与悲凉溢于言表，但作为一个学问家与思想家的船山先生，又是无比幸运的。在他的后辈同乡中有如此庞大的一批知音群体，他们认同他的人品，弘扬他的思想，从他的身上获得充足的精神养料。他们扛起船山先生这面湖湘文化的大旗，拯斯民于水火，挽大厦之将倾，此船山先生之大幸矣！

（原载《书屋》2015 年第 11 期）

湘军"铁三角"

　　曾国藩无疑是湘军的灵魂与核心人物，而从湘军出省作战，转战鄂、赣、皖诸省，至攻克安庆后胡林翼病逝军中为止，胡林翼与左宗棠显然就是湘军的左、右支撑。此三人构成湘军的"铁三角"。

一

　　咸丰二年（1852），曾国藩丁母忧回乡守制，奉命以在籍侍郎身份办理湖南团练。咸丰四年（1854）初，湘军初具规模，曾国藩于衡州发表《讨粤匪檄》，誓师出征。是年八月，湘军克复武昌、汉阳。咸丰皇帝欣喜之余，遂命曾国藩署理湖北巡抚。然而清廷旋即后悔，收回成命，迫其离鄂东进江西，而将鄂抚一职改授与湘系不睦的陶恩培。据薛福成《庸庵文续编》记载，大学士祁隽藻提醒咸丰帝："曾国藩以侍郎在籍，犹匹夫耳。匹夫居闾里，一呼，蹶起从之者万余人，恐非国家福也！"意即曾氏虽不在职犹有如此之号召力，一旦实授事权，委身疆寄，恐尾不大掉。咸丰帝"默然变色者久之"。

此后曾氏移驻江西数载，"客寄虚悬"，受多方掣肘，难以展布。

咸丰七年（1857），曾国藩上《沥陈办事艰难仍吁恳在籍守制折》，痛诉无权之苦："居兵部堂官（时只有兵部侍郎之虚衔）之位，而事权反不如提镇"，谓部属升迁补缺受制；其次江西地方官轻鄙自己，使之呼应不能灵通，特别是筹饷之事更受阻挠；而其关防常被江西地方官怀疑轻侮，号令所出难以取信。

曾氏在江西之困窘情形于其弟子的记述中多可印证。薛福成《庸庵文编》记："曾公久驻江西，不笔吏事，权轻饷绌，良将少，势益孤，列郡多陷者。"王定安《湘军记》有言："（曾）艰难窘辱，殆非人所堪，部将官至三、四品者，每为州县扑责"；"其饷糈不时至，募民捐资给军，所给印收，州县辄指为伪，拘讯捐户，诟厉已甚。"彼时曾父去世，曾国藩不待朝廷批复，即借奔父丧偕弟国华回籍，以示对清廷要挟。后曾国荃亦回籍守制。然清廷并不买账，冷淡处理，致曾氏回籍蛰居一年有余（咸丰七年二月至次年六月）。

鉴于江西、安徽战事胶着，经江西巡抚耆龄上奏，咸丰帝才于七年十月起复曾国荃赴吉安，统吉安各军。但由于湘军缺了曾国藩这个灵魂人物，各部难以统一调度，无法互相策应。咸丰八年（1858），石达开所部约两万人，声称进攻浙江。军情紧急，咸丰帝只好答应诸多大员奏请，同意起用遭冷落一年有余的曾国藩。

此次曾氏再无推辞，接奉谕旨后第四天即起程。咸丰帝收悉曾国藩上折后，朱笔批复："汝此次奉命即行，足征关心大局，忠勇可尚。"然仍未授其督抚实权，甚至命其"倏而入川，倏而援闽，毫不能自主"（赵烈文语），弄得曾氏殊为狼狈。

转机发生于咸丰十年（1860）。是年两江总督何桂清于李秀成破江南大营时弃常州（时江督驻地）而奔上海，甚至还发生了斩杀跪留他的常州绅民这样极端恶劣的事件，致苏州、常州陷落，朝野震动，舆论一片哗然，皆称非曾国藩不能收拾局面。于此万分危难之际，咸丰帝一改常态，命曾国藩赶赴江苏，并先行赏加兵部尚书衔，署理两江总督。两月后，即实授江督。

咸丰十一年（1861），湘军攻克安庆，曾氏遂移驻安庆。是年底，清廷（其时咸丰帝已崩，主政者为两宫太后及恭亲王奕䜣）命其督办四省（苏、皖、赣、浙）军务，巡抚、提镇以下均受其节制。有此军权、事权，曾氏遂定三路平江南之策，"以围攻金陵属之国荃，而以浙事属左宗棠，苏事属李鸿章，于是东南肃清之局定矣"。

从湘军出省作战到曾氏出任江督之前的六七年间，湘系集团被任命为督抚的仅有江忠源、胡林翼、刘长佑及李孟群（河南籍）区区四人。而从曾国藩出任江督到攻克天京的四五年里，被授予督抚之职的则高达十三名之众，如李续宜、彭玉麟、左宗棠、沈葆桢、李鸿章（安徽籍）、曾国荃、杨岳斌等。这些将帅担任督抚大多出自曾国藩的保奏，可见此时曾氏的影响力。以至于王闿运在《湘军志》中感慨："西至四川，东到海，皆用湘军将帅"。

二

胡林翼比曾国藩小一岁，两人在京为官时已有交往。曾氏于道光十八年（1838）中进士，入翰林，为军机大臣穆彰阿得意门生，十年之中累迁内阁学士、礼部侍郎，署兵、工、刑、吏部侍郎，京官生涯十分顺畅。胡林翼早于曾氏两年中进士，入翰林，但京官之路却并不顺。道光二十年（1840），胡氏充江南乡试副考官，由于工作失误被降级使用。

从道光二十一年（1841）到道光二十五年（1845），胡林翼丁忧回籍守制，过了几年隐逸生活。道光二十六年（1846），在友朋帮助之下，正途出身的胡林翼通过捐纳，选择贫瘠僻远的贵州出任知府，而后升道员。

咸丰三年（1853），经御史王发桂疏荐及湖广总督吴文镕奏调，胡林翼募勇六百人奉诏援鄂，第二年初抵湖北时吴文镕已兵败身亡。

此时湘军编练初成，准备誓师出征。曾国藩见胡氏"进退无所属"，便商于湖南巡抚骆秉章，檄调胡氏回湘，乘机揽于自己麾下，携之先后战于鄂、赣诸省。

前文已述，咸丰帝授曾国藩署理鄂抚后即反悔而改授陶恩培，以图牵制曾氏，但形势之变化迫使清廷虽不愿实授曾国藩督抚之位，最终也不得不将鄂抚之位授予湘系人员。当曾氏率军东进江西后，一度退回安徽的太平天国西征军又复西进，将湘军陆师牵制于九江一带，又败其水师，然后溯江而上，击溃湖广总督杨霈所部，于咸丰五年（1855）正月第四次攻陷汉口、汉阳，翌月第三次攻陷武昌。清廷朝野震动，只得调曾氏所部回救湖北。在此背景下，曾氏令胡林翼率勇离赣赴鄂，脱离曾部，独树一帜。武昌失陷时，巡抚陶恩培自杀殉国，清廷任命胡林翼署理湖北巡抚。咸丰六年（1856）十一月，胡氏克复武昌，夺回省城，清廷才将巡抚之位实授予他。胡林翼之获实授鄂抚，乃湘系势力崛起过程中一个至关重要的节点。

湘系集团中获授巡抚第一人是江忠源，咸丰四年（1854）即实授皖抚，但其未及施政即战死于庐州。所以胡氏之经营湖北标志着湘系势力由单一的军事力量过渡到分掌清廷省级政权，已在部分地区实现军权、财权与人事权的一体化，从而满足了湘系势力能维持、巩固和发展的一个最起码、也是至为关键的条件。

清廷不愿将巡抚实权授予曾国藩，乃是迫于其名望与影响力，害怕其尾大不掉；而胡林翼之才干、地位与名望可堪督抚，但实力与威望远逊曾氏，既无尾大不掉之忧，又可笼络、利用湘系势力。

胡林翼实任鄂抚后，其施政、治军之才干得以迅速展布，并逐渐将鄂省经营成湘系势力在湖南本省之外的另一重要战略基地。

胡氏治鄂方略可以概括为"全面包缆""条贯治理"八个字。而要想实现其治鄂方略，首要处理的棘手问题则是督抚同城的督抚关系问题。按清朝惯例，总督品级略高于巡抚，但两者同为地方最高官员。同城之督抚如两广总督与广东巡抚，湖广总督与湖北巡抚历来龃龉不断，矛盾不已。署鄂抚期间，胡氏与总督官文（满籍权贵）不能协和。及至咸丰六年（1856）岁末夺下武汉，胡氏有了更大的施政舞台。经过深刻反思后，胡氏改变了对官文的态度，展其善舞之长袖，以软寓硬，外柔内刚，抓住官文"其心亦止容身保位"之弱点，以自己对于名位利禄之谦恭大度来迎合他，满足其虚荣心。这样，"督抚若为一体"，胡氏则得遂其志，得逞其才。胡抚鄂数年，据《湘军志》载，"军政吏治皆林翼主稿，官文画行。有言巡抚权重者，一无所听"。所以胡氏成功笼络、操纵官文，为其全权施政扫清了最大的障碍。

其次，胡氏施政艺术明显高于一般封疆大吏之处在于"条贯治理"，即从千头万绪、纷繁复杂的事务中抓主要矛盾，统筹规划，系统治理。具体言之，即以加强军事力量为中心任务，以改善财政、统筹饷源为基本保障，以整顿吏治为关键环节，且都卓有成效。特别是第二个方面，它也是所有湘军将帅最为头痛的问题，因为筹饷用饷直接制约着兵员的多寡、军队的强弱。胡氏抚鄂前后，太平军数进数出湖北，公私皆搜括一空，以至于胡林翼所部兵饷皆仰给湖南，更谈不上接济曾国藩军。

胡氏抚鄂后，即展现出非凡的财政经营能力，或许是早岁从其岳父、理财专家陶澍耳濡目染所致。他通过改漕务、办厘金、整盐务、劝捐纳等一系列措施开源节流、包揽利权。从此，湖北一举改变了仰湖南济饷的局面，同时源源不断为曾国藩所部湘军提供相当数额的饷需。从咸丰六年（1856）开始，胡氏坚持月供曾国藩三万两，尚有另外增加之时。仅自咸丰八年（1858）六月至九年（1859）二月，就拨解曾军库平银六十万两。而当时曾氏所驻之江西供其每月不过区区一万三千两。除曾国藩部外，胡氏还大量协济湘军其它军队。总算起来，胡氏抚鄂的几年，湖北为湘军提供的军饷每年不下三百万两，远超居第二位的湘军大本营湖南。

胡林翼作为湘军"铁三角"之一，还体现在所部军力之强，以及在鄂、皖战场之地位。

胡氏离开曾国藩独树一帜之时仅分曾军二千五百人，署鄂抚时则添王国才部、罗泽南部，总计不到一万人，攻下武昌后则达两万余人，到咸丰九年（1859）合围安庆时则达六万余，三、四倍于当时的曾国藩部。鄂军成份虽复杂，但兵员以湖南人为主。胡氏自己承认："（鄂军）五六万，皆南省之士也"，加之鄂军主要将领如罗泽南、李续宾、李续宜为湘人，鲍超等是曾国藩旧部，所以鄂军乃地道之湘军，成为咸丰十年（1860）前清廷战局上的绝对主力。

前文已述，曾国藩出于无事权以至多方掣肘，于咸丰七、八年间愤而委军回籍。虽然其时曾氏对其军仍有一定程度的遥控，但毕竟失去了直接指挥权。此时左宗棠仍为湘抚幕僚，于外省诸将几无影响力，湘系势力之维系全赖胡林翼。据《要忠武公遗书·又上胡宫保》所载，李续宾尝言，当时时事艰难，鄂、赣战场靠胡林翼"撑持其间以固诸军之心"。据《李忠武公遗书·又复曾侍郎》李续宾还给曾国藩写信说，他与杨载福、彭玉麟诸将"共事一方，水陆士卒幸皆联成一心，和衷共济。赖润公维持其间"。事后曾氏也在致张曜孙的信中说："胡公之关系安危，百倍于鄙人。"在《复李续宜》中说："江、楚、皖、豫诸将帅，惟润帅能调和一气，联合一家。"

咸丰十年（1860），咸丰帝曾有意将江督之位授于胡林翼。事见分晓前，李鸿章曾有一番论析："如天佑我大清，当以公（指胡）督两江，此至艰难困苦之任，非开创圣手孰能胜之！帅符则必推涤帅（曾国藩），庶相得益彰，可挽全局十之二三。顾上游已成之局，难得替手，庙堂即有此议，东南朝士即有此识，必不敢放胆做一篇奇警文字。"

李鸿章此议意为朝廷如任命胡林翼做两江总督、曾国藩为军事统帅，则金陵庶几可克，但上游湖北巡抚之位找不到合适的替手，朝廷则不敢如此作为。此议与事实正相符。咸丰帝打算让胡林翼任总督，肃顺提醒"胡林翼在湖北措注尽善，未可挪动"，只好改任曾国藩，以期上、下游俱得人。

胡林翼本人也无出任江督之意愿，一来自己身已染疾，精力大有不支之势；更重要的是从湘军大局计，从天下大局计，胡氏始终把曾国藩当作自己的老上级，把他当作湘军的灵魂人物，认为曾氏一旦掌握事权，对湘军的维系与号令当会超过自己。所以胡氏极力向朝廷上奏推荐曾国藩，也督劝曾氏争取包揽把持东南全局。为增强曾国藩的势力，胡氏极力供其所需，应其所求。甚至当曾国藩想要胡军精锐鲍超部，胡亦慨然应允，无所顾惜。

咸丰十一年（1861），湘军攻克已围两年之久的安庆，清廷记胡林翼头功，赏加太子太保，而曾国藩获此官衔在同治三年（1864）攻克金陵之后。然天不假年，克安庆后不久，胡林翼仅以中寿，病逝于军中。

据曾氏幕僚赵烈文《能静居日记》记载，多年之后，曾国藩位重势隆，追忆当年，仍不免感慨万端，说正是靠胡林翼"事事相顾，彼此一家，始得稍自展布有今日，诚令人念念不忘"。

<h1 align="center">三</h1>

左宗棠与胡林翼同庚，比曾国藩小一岁。左与胡是世交、挚友与姻亲；左与曾早岁即有交往，曾经两度参加同科会试。

左宗棠于道光十二年（1832）中举，比曾国藩尚早两年，然会试之路却不顺。道光十三年（1833），左首次会试，不第。道光十五年（1835），左二度会试，原本中式，但发榜前湖南多录一名，要将这一名额让与湖北，左只能录为史馆誊录。左拒绝，返湘准备参加下一科会试。曾国藩亦参加道光十五年会试，不中。道光十六年（1836）恩科会试，左未参加，胡与曾均参加，胡中进士，入翰林，曾再度落第。道光十八年（1838），曾与左再度同科会试。此番会试，曾中进士，从此踏上仕途；左第三度落榜，从此决意不再参考，走上了不同于曾、胡的另一条道路。等到左宗棠走上仕途时，已过不惑之年。

咸丰二年（1852）起，左宗棠入湘抚幕。而此番左之出山，主要是胡林翼的推荐。在此之前，胡先后三次推荐过左氏：一荐于云贵总督林则徐，二荐于湖广总督程矞采，三荐于湖南巡抚张亮基。前两次由于诸多因素左都没能赴任，直到张亮基出任湖南巡抚，才最终促使左宗棠入幕。

此时，长沙正遭遇太平军围城。张亮基是从云南巡抚转任湘抚的，咸丰二年（1852）八月二十四日夜，张抵达长沙。是时，太平军正围攻长沙南门甚急，张亮基只好从北门爬梯登城进入长沙。第二天左宗棠也从湘阴到达长沙，坐着从城头吊下的大竹筐入城见张巡抚。据张祖佑所辑《张惠肃公年谱》记载，张"握手如旧，留居幕府，悉以兵事任之，至情推倚，情同骨肉"。

张、左入城前的七月初七日，太平军已开始进围长沙，主帅为西王萧朝贵。长沙城防主要由帮办军务、湖南团练大臣罗绕典负责。萧朝贵遭炮击受伤而死，洪秀全、杨秀清接到消息后日夜兼程向长沙进发，于左宗棠入城四天后抵达长沙城南。

左宗棠认为太平军背水（湘江）面城，属于"自趋绝地"，只有西路的土墙头、回龙潭是其粮食补给线与唯一的西进路线，提出派一军西渡，扼守其西窜之路，可将其一网打尽。但当时清军多是乌合之众，且互不统属，指挥不一。巡抚之命令，提督、总兵无人接受。张亮基准备亲督军驻回龙潭，左亦赞同，但此时敌军攻城甚急，城垣轰塌，张、左只好留城死守。太平军围长沙八十余日，久攻不克，洪秀全决定撤离，十月十九日深夜，其主力军经回龙潭渡河西进，转战益阳、岳州，出湘入鄂。

长沙围城之役，充分展现左宗棠卓越的军事战略与战术，张亮基由是保奏其以知县任用，加同知衔，步入仕途。

左宗棠第一次入湘抚幕仅四个半月，随张亮基调任湖广总督而结束。

左宗棠第二次入湘抚幕始于咸年四年（1854）三月，巡抚为骆秉章。此时湖南情势仍然岌岌可危，太平军驰骋湘北，湘西、湘南、湘东匪患频仍，此起彼伏。左宗棠焦思竭虑，日夜策划，辅骆巡抚"内清四境"，"外援五省（鄂、赣、桂、粤、黔）"，苦力支撑。同时革除弊政，整顿财经，开源节流，筹措军需。骆秉章对左氏言听计从，据左宗棠在《与周夫人》（甲寅）中所言，"一切公文，画诺而已，绝不检校"。由于骆巡抚的高度信任，加之时间长达六年之久，左氏此番入幕得以大展身手，名满天下。湘中事务，举凡军政、吏治、财政与民生都大有转机，并使湖南成为湘军出省作战的后方战略基地。出省湘军兵员的补充、粮饷军需的协济，左宗棠都经手谋划。据记载，从咸丰六年（1856）至八年（1858），湖南协济曾国藩军白银就达二百九十万两。左宗棠也因接济军饷有功而升为兵部郎中，并赏戴花翎。

可以说无湖南则无以成就湘军，无左宗棠则无以成就湖南，正应了潘祖荫《奏保举人左宗棠人材可用疏》中那句流传甚广的名言："国家不可一日无湖南，即湖南不可一日无宗棠也。"

至于左宗棠离开湘抚幕，统兵开府，直接原因是"樊燮案"。该案起于咸丰八年（1858），发酵于咸丰九年（1859），结案于咸丰十年（1860）。随着案件的进展与查明，不断有要员如胡林翼、曾国藩及潘祖荫等保奏、举荐左宗棠，值此国家急需人才之际，咸丰帝有意起用左宗棠襄办曾国藩军务。

咸丰十年（1860）六月，左宗棠在长沙募勇五千，组建"楚军"。九月，左率军从长沙出发，取道醴陵入江西，攻占德兴、婺源，再败太平军于景德镇、乐平。十日之内转战数百里，四战四捷，保证了湘军祁门大营的后勤补给生命线。

咸丰十一年（1861），随着浙江形势的恶化，曾国藩密奏推荐左宗棠任浙江巡抚。从此左进入封疆大吏的行列，后累迁闽浙总督、陕甘总督、两江总督，入军机、升大学士，出将入相，成就非凡事功。

纵观湘军发展史，从咸丰四年（1854）曾国藩衡州誓师出征始，湘军初具规模，到咸丰十年（1860）曾国藩出任两江总督前，为湘军发展的第一阶段。在此六七年间，清廷对曾国藩既利用又限制，多方掣肘，使其难以有较大发展。幸有胡林翼出任鄂抚，左宗棠经营湖南，成为湘军的左右支撑，湘军才得以维持与巩固。自咸丰十年（1860）曾国藩出任江督到湘军攻克天京，太平天国败亡，是湘军迅速发展，达其鼎盛的阶段。此间，各路湘军兵额达到最高点，湘军将帅出任督抚人数达最高值，曾国藩在清廷平定太平天国战略大局中的核心地位无以动摇。从同治三年（1864）攻克天京到光绪十一年（1885）左宗棠去世，是湘军的延续与衰落时期。攻克天京后不久，曾国藩即着手裁撤湘军，并在临深履薄之中度过最后的政治生涯。因而剿灭太平天国余部、平定陕甘回乱、收复新疆的历史使命就落到左宗棠身上，左宗棠事实上也就成了晚期湘军的灵魂与核心人物。

（原载《书屋》2017 年第 9 期）

"一代醇儒"与"湘军鼻祖"

湖湘人才之盛始于湘军之横空出世，而湘军之鼻祖非罗泽南莫属。

曾任曾国藩幕僚的王定安著《湘军记》，提及湘军之肇端，他说："湘军初兴，王鑫、罗泽南皆讲步伐，谙战阵，深沟高垒，与贼相拒。曾文正采其说而立营制，楚师之强，莫与京矣。"而曾国藩为李续宾作的《李忠武公神道碑》中则说："湘军之兴，威震海内。创之者罗忠节公泽南，大之者公也。"曾国藩本人也承认罗泽南为湘军之创始者，罗战死之后，其弟子李续宾等使湘军发扬光大。

著名学者钱基博在《近百年湖南学风》中说："藉藉人口，而不知无泽南，无湘军。"在该书中，钱氏将罗泽南、李续宾、王鑫师徒三人单列成章，视之为影响湖南学风的重要人物，排列次于汤鹏、魏源两大学者，而居曾国藩、胡林翼与左宗棠之前。这本概述近代湖湘文化最重要的著作确乎注意到了罗泽南作为一个学者的影响。

至于徐世昌等编著的《清儒学案》则对罗泽南评价更高："自唐确慎（唐鉴）提倡理学，湘南学者皆宗紫阳（朱熹）而黜姚江（王阳明），罗山尤为切实，以醇儒为名将。"

困而知学

罗泽南（1808—1856），字仲岳，湖南湘乡人，因所居之地名罗山，峰峦罗列，气象万千，乃自号罗山，并以此号行于世，世称罗山先生。

罗氏虽为湘乡大姓，却非望族，"世耕稼，无仕达者"。在罗泽南早年的成长历程中，其祖父罗拱诗发挥了不可替代的作用。罗拱诗自幼家贫，靠帮人做生意谋生，"生平深以不学为憾"，希望儿子罗嘉旦读书入仕，但其子亦因家贫废学。为使孙辈有条件读书，罗拱诗克勤克俭，"自伐木竹诛茅，构屋里中，沽酒米为业"，到罗泽南出生时，家境略有改观。

然而在罗泽南求学期间，罗家日益贫困，"家业零落，四壁萧然"，以至有时无米下炊。为使孙子不至于像其父一样因贫废学，罗拱诗节衣缩食供其上学，"一布袍亲持入典肆者六七次"。有人劝其让孙子改习他艺以谋生，被其断然拒绝。他说："吾不能以田地贻子孙，独不能以书贻之乎？"后来罗泽南在《先大父六艺公事略》中回忆其祖时说："先大父之所以贻我后人者至矣。勤俭自持，乐善不倦，以生平未学之故，欲竟其志于后嗣，不以困苦易其心。积累之厚，曷其有极。"罗泽南认为其祖父留给他的是一笔宝贵的精神财富。

罗泽南短暂的一生大致可以分为四个阶段：从出生至道光四年（1824），是其少年求学时代；从道光五年（1825）至道光十五年（1835），是其青年时代，课徒谋生与继续求学；从道光十六年（1836）至咸丰元年（1851），是其中年时代，也是他作为一个学者独立治学与授徒讲学之阶段；从咸丰二年（1852）至咸丰六年（1856）去世，是其书生典兵的阶段。

从少年到青年的求学阶段，艰难困苦始终缠绕着他，但他困而知学，愈挫愈奋。

首先是科举之路荆棘丛生，困难重重。

道光五年（1825），罗泽南十八岁，首次参加童子试，此后"七应童子试，不售"，直到道光十九年（1839）三十三岁才以郡试第一名考取生员，以至见榜"泫然泣下"。道光二十七年（1847）岁考列为一等，补禀膳生。年届不惑，罗泽南始终还蹉跎在科举之路上最低一级功名。道光三十年（1850），新皇帝咸丰即位，按惯例诏各省每府、州、县、卫各举孝廉方正，赐六品章服备召用。罗泽南以品行端正、才识兼优被湘乡知县朱孙诒举荐，之后遂有机会以书生典兵。

其次是贫病之家，门庭多故，"十年之中，前后死者计十人"。从道光五年（1825）罗泽南丧母开始，罗家重大变故几无宁日，其创巨痛深，难以言表：

道光五年六月，丧母；

道光六年五月，丧嫂；

道光六年七月，丧兄；

道光七年，侄女夭折；

道光十年，丧祖父；

道光十二年正月，次子夭折；

道光十二年三月，丧长子；

道光十三年，丧妹；

道光十五年六月，三子夭折；

道光十五年六月，侄子夭折。

罗泽南作《殇侄殇子哀辞》：

> ……呜呼痛哉，吾今日之哭者，其哭吾侄乎？抑哭吾兄吾嫂之绝其祚乎？其哭吾儿之屡生不育乎？抑哭吾妻之丧其子、丧其明乎？其哭吾弟客游生死不可卜乎？抑哭吾父之年日迈不获弄孙自乐乎？其哭旱既太甚，吾虽生而无以为生乎？抑哭天下之共被灾氛，多不免于死乎？恍恍惚惚，迷迷离离，是血是泪，终莫能辨。呜呼痛哉！呜呼痛哉！

从道光四年（1824）罗泽南完婚之后，罗家共十六口人，十年之内连丧十人，人丁骤减，只剩六人。六人之中，罗泽南之妹、长侄女出嫁，弟弟罗泽曙客居他乡，生死不明，家中只余罗氏夫妇与老父罗嘉旦。而且妻子因连丧三子之痛致"耳目不能视听"，既盲且聋，已然残疾。这篇《殇侄殇子哀辞》将其内心之凄苦伤痛溢之于言表。

家庭诸多变故之际，奔走衣食之余，罗泽南始终没有放弃对学问的追求。他不仅夜以继日地苦学自修，还不断争取深造的机会，曾先后就读于湘乡涟滨书院、双峰书院以及长沙城南书院。

涟滨书院创建于南宋，元、明、清三代弦歌不辍。罗泽南于道光六年（1826）在此就读一年，得以"仰企前贤，远绍遗绪"（《湘乡县志》卷四上《学校志》），为其研究理学打下初步基础。

道光九年（1829），罗泽南在双峰书院学习了一段时间，时书院主讲为陈达卿，孝廉出身，声望颇高，据罗泽南《陈氏墨谱序》所载，"执经问难者林立"。陈达卿对罗泽南颇为器重，并延请其到自家的尚友山房做塾师。罗正是在设馆尚友书房期间读书有悟，从而明确治学方向。

道光十九年（1839），罗泽南中秀才，获准入长沙城南书院就读，与同学诸生刘典、谢景乾等讲习讨论，互相砥砺，学术上有长足进步。

不管生活多么"险阻崎岖"，罗泽南犹能"强自支持，颇不为世俗所动"（《寄谢大春池书》）。生活之磨难使其性格内敛，意志坚韧；勤学力行又使其志存高远，自拔于流俗。诚如曾国藩在《罗忠节公神道碑铭》中对他的评价："不忧门庭多故，而忧所学不能拔俗而入圣；不耻生事之艰，而耻无术以济天下"。

一代醇儒

道光十六年（1836），是罗泽南一生中一个重要转折点，这年他设馆于陈氏尚友山房，与同馆塾师"常论为学之要，因取《性理》一书读之，遂究心闽洛之学"（《罗忠节公年谱》）。《性理》指《性理大全》，编定于明永乐年间，收录有周敦颐《太极图说》《通书》，张载《西铭》《正蒙》，邵雍《皇极经世书》，朱熹《易学启蒙》《家礼》等著作，是一部程朱理学集成之著作，对罗泽南影响巨大。他在自述这段为学经历时说："予尔年始得宋儒之书，读之，因复求之四子六经，至道精微，固非愚昧所能窥测，然已知圣贤之道，不外身心。往日之所学，末学也。"从这年开始，他将理学确立为其治学之方向。

次年，他将这一时期治学所得著为《常言》，后来改订为《人极衍义》），此后又相继著有《周易本义衍言》（1840）、《姚江学辨》（1844）、《读孟子札记》（1845）、《小学韵语》（1848）、《西铭讲义》（1849）、《皇舆要览》（1850）及《周易附说》（1854）等，在其短暂的一生中，已然是一位著述丰厚的大学者。

罗泽南的这些著述对程朱理学的基本思想进行了系统性的阐发，对陆王心学进行了学理性的辨析与批判，其学术思想可以概括为义理经世与辨学卫道两大特征。

罗泽南求学之地未出湖湘，湖湘文化"重义理、尚经济"的传统对他产生了深刻影响，追求"以学问道德为事功"之人生信条也在他身上打下了深深烙印，因而他强烈反对空谈性理，认为经世治民的学问才是真学问。

他说："士人当民社无责之日，正宜广学问，严操守，审时势，酌古今，预储所以致君者何业，泽民者何猷，出则行之，不出则卷而怀之,此才是有用之学。"要解决各种社会现实问题,单靠道德说教是远远不够的,作为士人除了要在"性命之精微""身心之功用"上下功夫,还必须践履力行,穷究"政治之得失""古今之兴废"。所以一旦天下有变,罗泽南便能挺膺而出,以书生典兵,以醇儒而终成名将,成就非凡之事功。

罗泽南学术思想的另一个特征便是黜姚江而崇紫阳,通过辨学来捍卫程朱之道。

罗氏认为程朱理学是孔孟儒学之嫡传,是天下唯一正学,除此之学非俗即异,而这些俗学与异学对世道人心造成了极端恶劣之影响。他说:"管、商之功利,佛、老之虚无,俗学之训诂、词章,陆、王之阳儒阴释又从而摇之,乱之,阻抑之,陷溺之",因而"俗学不黜,异学不熄,欲求立乎其极,是欲求之闽、越而趋陇、蜀也,安望其能至也哉"。他把辨学卫道看作关系世运兴衰、国家存亡的关键。

在罗泽南看来所有俗学、异学之中,陆王心学实为阳儒阴释,其危害最大,因而对其批判、拒斥尤力。他在《与高旭堂书》中对陆王心学有一番基本评价:"若陆子品谊、阳明勋业,固有不可磨处,但欲废讲学以求顿悟,窃禅门之宗旨,为吾儒之工夫,有害吾道匪浅。吾辈固欲取其长、嘉其功,尤不可不知其偏,而辨其谬也。"可以说罗泽南只是肯定陆九渊、王阳明之品行与事功,而对其学术思想彻底否定。

自明中叶以来阳明心学兴起,程朱理学之正统地位受到强力挑战。虽然清代自康熙以来一直强调和维护程朱理学的正统地位,使之高踞庙堂,但在社会和民间的影响力显不如王学。罗泽南由是著《姚江学辨》，从学理上进行系统的辨析与批判。

清初程朱理学家痛于明亡，并归罪于王学，进而对阳明心学给予猛烈抨击，但往往流于道义指责而失之于空疏。罗泽南对王学的批判则深入其理论体系，对"心即理"为核心的心性说，对"致良知"和"知行合一"为主要命题的知行观等进行全面的学理辨析与批判。正如钱穆所说："自来攻击阳明，未有如罗山之严正明快者"，此即罗氏超出同时代理学家之处，对晚清程朱理学之复兴产生了不可替代的作用。当然罗氏这一辨学卫道思想有极端的封闭性与保守性，但他试图通过复兴与捍卫程朱理学来扭转晚清社会自上至下普遍的道德失范，进而挽救世道人心，可谓用心良苦。

湘军鼻祖

为谋生计，罗泽南从十八岁开始做了二十余年塾师，培养了大批人才，俨然一代名师。如果没有咸丰元年（1851）太平天国起事，他也许就会以名儒名师而终老湘中。

咸丰二年（1852）夏秋之交，湘乡知县朱孙诒檄召设馆长沙的罗泽南回县组织团练，成为罗氏人生中另一个重要转折点。

是年四月，太平军攻陷广西全州。新宁举人江忠源率楚勇设防于湘江上游之蓑衣渡，伏击太平军，击毙南王冯云山。太平军绕道永州，进入湖南境内，旋于五月攻陷道州，休整扩军后，军势复盛，连陷永兴、安仁、攸县、醴陵，七月底进围长沙。

罗泽南已于太平军围长沙之前回到湘乡组织团练，门生故旧纷纷响应。刘蓉、康景晖等人是其旧友，对其道德文章颇为推崇；王鑫、易良幹、罗信东等团练骨干成员是其弟子，对其十分恭敬，后来李续宾、李续宜等相继来到老师身边，帮其训练兵勇。本县各地练勇也迅速向其靠拢，听候其指挥与调遣，形成一股强大的凝聚力量。

罗氏主持团练后把纪律放在首位，他会同知县朱孙诒发布《告示》："如有不遵号令约束，造谣惑众，奸淫掳掠，泄漏军情，损坏人民房屋、坟墓及身体，犯此者死。如有聚众赌博，吸食鸦片，遗失器械，喧呼斗殴，犯此者杖革。如有点名无故不到，操练不勤，出入不告，吹弹歌唱，争先落后，犯此者责罚。"

其次，罗泽南对湘乡团练正式组编，仿明代名将戚继光练兵之法，部署其众。罗将先前的练勇分左、中、右三营，每营三百六十人，自任总统领，王鑫、易良幹、康景晖分统，以诸生罗信南综理三营粮糈，谢邦翰治兵械，魏万杰等负责劝捐事宜，以济军饷。

接着，罗泽南效仿戚继光着手对三营兵勇进行训练，包括战阵演练与军技操练，并创造性地推出"理学治军"的军营文化，对兵勇进行思想政治教育。除了灌输忠君思想，他还特别注重传统儒学的礼、义、廉、耻等理念教育。他当时即提出"白天打仗，夜里读书；上马杀敌，下马读书"的口号。他认为军人所从事的职业容易陷入拿性命去博取利益的逻辑，这样的军队最终会败在一个"利"字上，因此必须在全军上下做深做透政治思想工作，军队才会不怕牺牲，百折不挠。这就是所谓"理学治军"，其本人及其弟子王鑫、李续宾、李续宜等统领的军队自湘乡团练始到后来的湘军始终坚持"理学"治军的理念，进而深刻影响了曾国藩、胡林翼等人的治军思想。曾国藩在《罗忠节公神道碑铭》中对此有由衷的褒扬："矫矫学徒，相从征讨。朝出鏖战，暮归讲道。洛闽之术，近世所捐。姚江事业，或迈前贤。"

罗泽南倡导的统兵练兵方法已与当时其他省、县团练有了本质区别，为后来的湘军奠定了良好基础。

咸丰二年（1852）十月，太平军久攻长沙不下，遂移师北上，长沙之围始解。十二月，湘抚张亮基为加强省城防务，调罗泽南带勇入长沙。时值在籍礼部侍郎曾国藩奉旨办理湖南团防，罗泽南即以所部隶属其麾下，号称"湘勇"（即"湘乡勇"），罗自将中营，左、右两营分别由王鑫、罗信南带领。

咸丰四年（1854）正月，曾国藩移驻衡州，编练水陆诸军。罗泽南率所部赶赴衡州与其更定陆军营制，改一营三百六十人为五百人。"每营四哨，每哨八队，亲兵一哨六队，火器刀矛各居其半。"水陆军合计二十三营，湘军初具规模，其营制与练兵练阵之法实出自罗泽南"湘勇"。

曾国藩后来为湘军确立平定太军的根本战略亦为罗泽南之议。咸丰十年（1860），曾国藩就任两江总督，督办江南军务。是年，由于李秀成锐意进取江浙，对清廷财富之区造成巨大压力。有鉴于此，清廷令曾国藩东援江浙，曾抗命不从，并提出其平江南的根本方略："自古平江南之贼，必踞上游之势，建瓴而下，乃能成功。……若从东路入手，内外主客，形势全失，必至仍蹈覆辙，终无了期。"而早在咸丰五年（1855），罗泽南即致函曾国藩论平吴之策："欲取九江、湖口，法当先图武昌；欲取武昌，法当先清岳、鄂之交。"如若得手，即引军东下，以高屋建瓴之势，夺取九江、安庆，最终克复江宁。所以《清史稿》认定罗泽南定下"力争上游"的《筹援鄂书》实为攸关全局之战略性纲领。

罗泽南对湘军另一重大影响还特别体现在湘军组建初期，其众多弟子随他加入，其中《清史稿》有传的即有王鑫、李续宾、李续宜、蒋益澧、刘腾鸿、杨昌浚、李杏春、潘鸿焘、钟近衡、钟近濂、易良幹、曾国华及曾国荃等诸人，但凡没有早早战死者，即成为湘军中流砥柱，甚至位列封疆。

《湘学略》谓："按湖南之盛，始于湘军；湘军之将，多事罗山。"此言不虚。湘军草创之时，曾国藩个人魅力尚未充分展露，其在湘军中的绝对权威亦未树立，而湘军中许多骨干乃罗泽南之弟子，因此罗氏所起凝聚人心之作用不可替代。即使后来罗泽南早早战死，其弟子与旧部仍是湘军绝对主力，其影响力并未随其早逝而消失。

将星陨落

咸丰四年（1854）二月，曾国藩发表《讨粤匪檄》，声称洪杨"举中国数千年礼义人伦诗书典则，一旦扫地荡尽。……凡读书识字者，又乌可袖手安坐，不思一为之所也"，誓师出征。考虑到湖南会党之乱频仍，曾氏令能独当一面的罗泽南、李续宾两营留守本省，以便随时平剿。

经过靖港、湘潭之役后，曾国藩对湘军大加整编，并将王鑫部调回湘南，接替其师罗泽南履行防务。此后罗泽南所统数营成为湘军绝对主力，在湘、鄂、赣、皖数省屡立奇功，克城数十，历经大小二百余战，屡屡以少胜多，几无败绩。咸丰六年（1856）三月初二，为了及早攻克武昌，回援被困南昌的曾国藩，罗泽南率部直薄武昌城下，不幸被弹片击中左额，顿时"血流被面，衣带均湿"。回到洪山大营后，罗泽南仍日夜危坐，与诸将商议攻城方略。

四天后，罗泽南病情加剧，已不能起，遂仰卧书数语赠弟子与部属——"乱极时站得定，才是有用之学"，这是他对一生孜孜以求的"有用之学"之最终诠释，临终之际仍不忘传播其经世济民之真学问。

三月初八日，罗泽南因伤过重，不治而逝，遗命李续宾接掌其军。清廷令以巡抚阵亡例议恤，谥忠节。

接到罗泽南死讯，曾国藩如五雷轰顶："每闻春风之怒号，则寸心欲碎。"由于江西战场危如累卵，曾氏封锁罗氏阵亡消息，"恐损士气，秘不告人"。在给咸丰帝的奏折中，曾国藩认为罗"与江忠源、塔奇布同时并起，而战功则较两人为尤著"，承认罗之功劳在湘军另外两大名将之上。

时湖北战场主帅、鄂抚胡林翼在罗泽南逝后撰有两副挽联，其一云：

公来使我生，公去使我骇，公逝使我悲，七尺躯系天下安危，存宜尸祝，殁宜尸祝；

贼至还他战，贼退还他守，贼炽还他死，一腔血酬半生知己，成亦英雄，败亦英雄。

一联道尽罗泽南与鄂省存亡之关系，以及视之如师如友的胡林翼之无尽伤痛。

噩耗传回湖南，时任湘抚骆秉章幕僚，亦为罗泽南生前挚友的左宗棠撰一联，算是对其一生事业的盖棺论定：

率生徒数十人转战而来，持三尺剑，著等身书，亦名将，亦醇儒，独有千秋，罗山不死；

报国家二百年养士之德，复六州城，杀亿万贼，是忠臣，是良友，又溺一个，湘水无情。

由一代醇儒而成湘军鼻祖，育无数弟子而有非凡事功，虽英年早逝，罗山先生亦当含笑九泉矣！

（原载《书屋》2017 年第 5 期）

曾、左交恶之我见

　　曾国藩对左宗棠有举荐提携之恩，然而在曾、左都功成名遂、位重势隆之际双方却突然失和而断交。一般论者都把失和之因归于双方负气之举，不过笔者认为背后或有隐情，甚至不排除曾、左在演一幕双簧，只是目前尚无直接证据，但仍有迹可循。

一

　　考察曾、左交往史，双方有两次失和。

　　咸丰七年（1857）二月十一日，曾国藩于江西瑞州（今高安）接到父亲病逝消息，立即上奏丁忧开缺，请求回籍奔丧。不等朝廷谕旨到达，曾氏即于二十一日偕弟国华自营启程回湘。

　　曾国藩如此急迫撒手回籍，似与此时江西战场困局与苦闷心情有关，或以此发泄对朝廷不满甚至要挟。

曾国藩自咸丰四年（1854）衡州起兵以来，名义上作为湘军主帅，但由于没有出任地方督抚，实际上无事权无财权，面临多方掣肘，且备受朝廷猜忌。

本来在咸丰四年八月湘军克复武昌、汉阳之际，咸丰皇帝欣喜之余命曾氏署理湖北巡抚，但旋即反悔，迫其离鄂东进江西，反将鄂抚实职改授与湘系不睦的陶恩培，以期牵制曾国藩。

从咸丰四年至七年，曾氏基本困于江西战场，难有大作为。而此时清廷与太平军作战整体形势居于下风。咸丰六年（1856）三月，扬州再度失陷，四月江苏巡抚吉尔杭阿战死；五月江南大营失陷，负责大营的钦差大臣向荣受惊吓于两月后卒于丹阳。

在如此恶劣时局及自身艰难处境之下，曾国藩接到父丧消息后，不待朝廷批复，擅自离营奔丧，当属深思熟虑之举，决非意气用事。

咸丰七年（1857），左宗棠正值幕僚生涯中最忙碌之时。据《左宗棠全集》统计，是年左共写书信七十九封，比上一年多出二十余通，是幕湘时期最多的一年。信中所及大多调兵遣将，筹饷运粮诸多事宜。

尽管为军务忙碌，左宗棠仍关注曾父去世的消息，他在先后两次给王鑫的信中提及曾父去世之事。

左本来认为此时江西战事胶着，朝廷必不会同意曾国藩丁忧回籍，曾也必不会擅自撒手离营，但他没料到曾不等朝廷谕旨匆忙回籍。对此左直接表达了对曾氏的强烈批评。他先是致信曾国荃，批评其兄不待朝命，"于义不合"，何况正值时局艰危、军情紧急之时。接着，他又致信曾国藩，批评其"匆遽奔丧，不俟朝命，似非礼非义"，并劝其尽快出山。

曾国藩原本打着丁忧回籍的旗号撂挑子，实则向朝廷要挟，以求获取更多事权，以摆脱自出师以来之困局。不想作为好友的左宗棠不但不理解，而且言辞刻薄，曾氏内心窝火，不再与左通音问。

此时曾氏无名之火并非完全发向左宗棠一人。前文所述，曾氏丁忧回籍本为要挟，原以为在此艰难时局之下，朝廷会即刻挽留，并马上授其巡抚实职，没想到遭到咸丰帝冷处理，被冷落近一年有余。

咸丰七年（1857）十月，咸丰帝才同意起复同在湘乡守制的曾国荃，令其赴吉安，统领吉安各军，但仍然冷落其兄。

直到咸丰八年（1858）四月，石达开部转战浙江，连陷江山、常山、开州、处州诸城邑，并进围衢州。时陈玉成部进攻皖、鄂之交诸城，李续宾只好率部回援皖、鄂，浙江无军救援，才迫使咸丰帝起用"打入冷宫"一年有余的曾国藩。

此次曾、左交恶，一年不通音问。随着曾氏重新出山，曾、左亦重归于好。

曾氏蛰居湘乡一年有余，对自己所作所为亦进行了深刻反省与检讨。在给其弟国荃的信中，他多次表示，回想历年所办之事，深感不当之处甚多。咸丰八年（1858）三月，曾国藩致信其弟国荃："弟劝我与左季高通音问。此次暂未暇作，准于下次寄弟处转递。此亦兄长傲之一端。弟既有言，不敢遂非也。"此时曾左同在湖南，相距不过数十公里，却舍近求远，让远在江西的国荃转递，非为他故，面子而已。

　　查《曾国藩全集》，咸丰八年正月至五月间信札均阙失，但从左宗棠四月二十六日复曾氏信中，尚可推测曾来信之主要内容："沅浦递致手书，敬悉近状之详，喜慰无似。不奉音敬者一年，疑老兄之绝我也，且思且悲，且负气似相持。……来书云：晰义未熟，翻成气矜，我之谓矣。"由此可知两人失和之后，曾氏检讨自己"晰义未熟，翻成气矜"——在守制丁忧之事上没有候旨擅自行动，表明自己并没有真正明白忠孝之大道；而且还不听好友左宗棠之劝告，自尊自大。一番检讨之后，曾氏希望能得到左的谅解。左接曾书后，十分高兴，亦自我批评负气相持之毛病。

　　咸丰八年六月，曾国藩复出，先在长沙逗留八天再起赴江西。此数日曾、左天天见面，商谈军国大事。十六日中午左氏设家宴宴请曾国藩一行，曾、左已和好如初。

　　此次曾、左虽然长达一年互不通信，但和好的基础依然牢固。双方失和之因仅为负气，随着曾氏出山重掌湘军，仍需依赖湖南这个大后方，且双方都有实现匡扶天下这个共同的宏愿。一旦曾氏主动示好，双方则和好如初。而待到同治三年（1864）天下大局已定，双方失和则无法复合，非为他故，时势异也！

二

　　曾、左第二次失和，以至于割袍断义的时间节点则正发生于同治三年（1864）六、七月间，此时曾国藩刚刚迎来克复金陵的盖世奇功，处于人生事功的巅峰时刻。而一年前左宗棠也被任命为闽浙总督，已与曾国藩平起平坐，而江南之军政大权几乎都落在曾、左之手。

查《曾国藩全集》，曾致左最后一通信写于同治三年（1864）七月初二日。信中曾氏语气平和地向左通报审讯李秀成之情况；同时告知左自己身体每况愈下精力日颓，恐怕难以胜任两江善后事宜。这与《曾国藩日记》记载吻合。该日曾氏日记中有"写左季高信件一件"。

查《左宗棠全集》左致曾最后一信写于同治二年（1863）十一月底或十二月初，信中有"久未得尊处函牍，未知如何区画"之语，表明自从左宗棠升任闽浙总督，手握更大兵权，已非受曾氏节制的巡抚后，曾氏主动减少了与左的联系。

同治三年（1864）七月二十九日，曾氏上《再陈裁撤湘勇及访查洪福瑱尚无端倪下落片》中提及"十四日左宗棠寄臣一函"，但该函没能留存下来，双方日记中都没做记载。该信是否有意被毁掉，是否有关两人心事，不得而知。此后双方再无通信，老死不相往来。

曾、左交恶的直接原因就在于上文所提及的幼天王洪福瑱事件。

同治三年（1864）六月十六日，曾国荃部在围困金陵三年之后终于克复。二十三日，曾国藩上《金陵克复全股悍贼尽数歼灭折》。奏折中曾氏明确报告朝廷洪秀全已于湘军猛攻金陵的一月前服毒自杀，遗体埋于所居宫殿内；幼天王洪福瑱已于城破后举火自焚；李秀成藏于民舍被擒；另外，洪秀全的仲兄洪仁达等人亦被抓获。

奏折中，曾氏承认当夜四更城破之时，约有一千余名逆匪穿着湘勇服装，手持洋枪等，从金陵城太平门地道缺口逃出。但经过官军的拦截、追杀，包括太平天国巨王、幼西王、幼南王等诸首领及兵勇已在湖熟桥边被全歼。

收悉该折，朝廷欣喜异常。七月十四日曾国藩收到六月二十九日上谕：赏加曾国藩太子太保衔，赐一等毅勇侯，成有清一代文人封侯之特例；赏加曾国荃太子少保，赐一等威毅伯。

然而仅过十天，曾国藩在由金陵返安庆途中，连接三道朝廷谕旨，指责其奏报洪福瑱焚亡之事不实，明确指出其已逃出金陵，而太平军逃出之余部全被捕杀之说更谬。谕旨严斥曾国藩的同时，令其查明究竟有多少余匪逃出，并从重参办防范不力者。

朝廷知晓洪福瑱等逃脱之事则出于左宗棠之奏报。七月初六日，左上《攻剿湖郡安吉踞逆迭次苦战情形折》，首次于奏折中提及伪幼天王洪福瑱出逃之事，而正是这份奏报直接导致七月十五日上谕对曾国藩的严词训饬。

曾氏六月二十三日上报全功折前可能并不知晓洪福瑱等出逃之事，但关键在于上折后不久就应当知晓此事，且至接到七月十五日挨训饬的上谕前有足够长的时间补救。

六月二十七日，曾国荃接李鸿章信，信中谓："洪秀全必须戮尸以抒众愤，其幼子想已窜出。"

从六月二十五日至七月二十日，曾氏兄弟一直都在金陵，如此重大军情，九帅收悉后应当会立即告知乃兄。

七月初九日曾国藩致信其子纪泽，亦提及洪福瑱出逃之传闻："伪幼主有逃至广德之说，不知确否？"

接到严词训饬的上谕后曾氏于七月二十九日上《再陈裁撤湘勇及访查洪福瑱尚无端倪下落片》中提及，在七月十一日至十四日间，刘松山、杨昌浚、左宗棠等先后来信告诉了伪幼主出逃之事。

也就是说，从六月二十三日上报功折至七月二十四日收到朝廷训饬上谕，曾国藩早已知晓伪幼主出逃传闻，该传闻一旦坐实乃欺君大罪，曾氏完全来得及补写一折作些交待。曾氏不作任何补救，除了心存侥幸，是否还有其他考虑呢？

曾氏兄弟已立盖世之功，誉满天下，谤亦随之，朝廷乃至民间对他们的猜忌亦达顶峰。此时洪福瑱等几条漏网之鱼已成强弩之末，朝廷最大的担心恰是此时已立奇功或尾大不掉的曾氏兄弟，朝野上下心知肚明。

事实上自曾氏举兵之初，朝廷的猜忌与牵制即随之而来，对此曾国藩一直谨慎行事，小心应对，为什么在理应更小心谨慎之时却贪此全功？恐怕是以贪功而自污，正如其在金陵城破之后纵容其弟屠城并劫掠，同样是出于自污的考虑。而这些行为与他作为理学家之身份，与其试图成就"三不朽"之宏愿极为不符，背后是否另有隐情？

曾氏熟读二十四史，王翦、萧何故事理当印象深刻。此时的曾国藩正如临深渊，如履薄冰，故效王翦、萧何故事以自污，以此表明自己绝无野心。同时他在朝廷及天下人面前制造自己与其他统军将领特别是与此时朝廷最为信赖的左宗棠的矛盾，试图打消清廷对湘系集团的顾虑。试想洪福瑱逃脱之事一旦坐实，则纸包不住火，即使没有左宗棠上奏，朝廷亦会知晓。为这件事而与左绝交，是否别有考虑？

在同治三年（1864）七月二十四日、二十五日接到朝廷训饬谕旨的这两天，曾氏日记没做任何记载，没有任何反省，不符合作为理学家的一贯行事风格，是否早有预见或成竹在胸？几天之后曾氏上《再陈裁撤湘勇及访查洪福瑱尚无端倪下落片》，对左宗棠大肆攻击，说二月间左宗棠攻杭州时，康王汪海洋、听王陈炳文等的军队逃出十万之众（显然夸大），朝廷并未纠参，而此次金陵城破仅逃出数百人，也应暂缓追究。此折已在朝廷面前制造自己与左宗棠的矛盾，再加上曾氏主动裁军，而这正是朝廷最希望看到的。

至于左宗棠事先不向曾氏通报，直接向朝廷奏报洪福瑱出逃之事，也应有在朝廷面前制造自己与曾氏兄弟并非浑然一体之印象。此时左宗棠早已是闽浙总督，在江南统军将帅中地位仅次于曾国藩，几乎平起平坐，对朝廷的猜忌也应有所提防。

九月初六日，左宗棠上《杭州余匪窜出情形片》，对曾国藩攻击其致十余万太平军全数逸出之事进行反击，说当时杭州、余杭两城之间有六十余里，未能像金陵那样合围，且否认有十万之众逸出，并说自己早就告诉过曾国藩须派兵防守广德，曾氏始终不听，致伪幼主等最终从广德逃脱。

有趣的是，朝廷对于曾国藩七月二十九日所上为己辩解且攻击左宗棠之折并无回复；相反，对于左宗棠九月初六为己辩护之折立即下旨声明不会追究，反而高度赞扬左"尤得大臣之体，深堪嘉尚"，并告诉左氏，朝廷对其寄予厚望，希望他能再接再厉，成为一代名臣。清廷显然在扬左抑曾，个中心态，值得玩味。

此后曾、左交恶，再无私交。虽然曾国藩照样位居高位，实际上是在临深履薄中过完自己余下的政治生涯及生命历程。相反，左宗棠一步步走向其事功的顶峰：追歼太平天国余部，受封一等恪靖伯；平定陕甘回乱，收复新疆，出将入相，成为有清一代汉人官员非进士出身者拜内阁大学士唯一之人。

三

曾、左虽不直接通音问，但仍关注对方。曾氏在与左氏断交最初两年，是其政治生涯中最为谨慎之时，此时曾氏门生故旧仍满天下，朝廷对他的防范并没有完全放松。这两年曾氏在日记中很少提及左宗棠，在给友人书信中提及左氏，多有埋怨、批评成分。这是其内心真实情感的自然流露，还是有意向世人表明他与左氏的不和呢？

同治五年（1866），郭嵩焘由于左宗棠的参劾辞去署广东巡抚一职。郭氏与左氏是同乡好友兼姻亲，且郭氏对左氏有恩。而郭氏与曾氏关系更为密切，情感更深，且两人是儿女亲家。左氏弹劾郭氏同时举荐蒋益澧代郭氏。蒋氏虽亦为湘乡人，但出自王鑫部下，与曾氏关系疏远。此时左氏接连几次参劾郭氏之举实际有意向朝廷表明他与曾氏湘系集团决裂，此举也正合清廷之意。

郭嵩焘去职之后，曾国藩致信郭嵩焘仲弟崑焘（郭崑焘与左宗棠当年同为湖南巡抚的左膀右臂），批评左氏参劾郭氏当属忘恩负义，"以石交而化豺虎，诚不能无介介"。而就郭氏去职之事致信同样是郭嵩焘至交的陕西巡抚刘蓉（论私交，曾氏、郭氏与刘氏三人感情最深），却认为郭氏不太适合做督抚，批评左氏的成分却不多。而一年之后（1867），刘长佑去直隶总督一职，曾氏再次致信郭崑焘："近日厚（杨岳斌）、霞（刘蓉）、筠（郭嵩焘）、沅（曾国荃）次第去位，而印（刘长佑）复继之。吾乡极盛，固难久耶？思之悚惕。"曾氏本人对此心知肚明，凄惶之情亦溢于言表。

同治六年（1867）三月，曾纪泽来信告知父亲，听说左宗棠再次参劾李元度，并向其父反映闽人以歌谣的方式表达对左宗棠的不满。曾氏去信明确告知儿子，此二者都不可信，并告诫儿子不能对左宗棠、沈葆桢（此时沈亦与曾氏失和）心存丝毫意见，只要互不往来即可，并于信末连写两个"切记"，个中因由，值得玩味。

同治六年（1867）以后，随着曾氏旧部陆续去职，朝廷对曾氏的戒备大可不必如从前。此时曾氏与家人、朋友信函中常常提及左宗棠，对于其西北用兵也十分关注，并对其弟国荃盛赞左氏的西北军事行动。

同治九年（1870）十月初九日，慈禧太后召见曾国藩，问及刘松山阵亡对陕甘用兵损失重大之事，曾氏回答："鄙意左帅调度并无乖失，断无轻于易置之理。"曾、左断交，时过境迁，朝廷对曾国藩再也无须戒备，曾氏此时大多都能秉公持论。

四

　　至于曾、左失和断交之后，左氏对曾氏及其家人的态度更值得玩味。

　　曾、左虽无直接往来，左氏也如曾氏一样关注对方。从同治四年（1865）开始，左宗棠与朋友通信时频频提及曾国藩。

　　同治四年（1865），左氏致信浙江按察使杨昌浚，逐一点评曾国藩、刘蓉与郭嵩焘，认为此三人虽自视甚高，性格执拗，但在个人操守方面可作人之楷模。此时左氏仍把曾氏当作朋友，至于当初为什么要弹劾曾氏，他认为是觉得朋友之间有缺点应当指出，不必遮掩。为什么不先向曾氏通报而直接参劾？是否故意在朝廷面前制造与曾氏的隔阂与矛盾？目前尚无直接证据证明，但从那以后，朝廷日益信任与倚重左宗棠却是不争的事实。湘系集团在军事领域的核心人物也正是从那时开始，逐渐从曾国藩转至左宗棠。

　　同治五年（1866），左宗棠致信浙江巡抚马新贻，询问曾国藩病情。据《曾国藩全集》统计，从同治三年（1864）至同治十一年（1872）曾氏去世前的八年间，曾氏在书信中提到左宗棠达十八次之多。而据《左宗棠全集》统计，从同治三年（1864）至光绪十一年（1885）左宗棠去世前的二十一年间，左氏在书信中提及曾国藩则达四十八次之多，可以说对曾国藩的思念贯穿于左宗棠的余生。

特别是得知曾国藩去世的消息，左宗棠悲痛异常。左氏在致儿子孝威信中说："曾侯之丧，吾甚悲之。不但时局可虑，且交游情谊亦难恝然也。"

当时左正督陕甘，马上派人送赙银四百两，并送去了挽联——"知人之明，谋国之忠，自愧不如元辅；同心若金，攻错若石，相期无负平生。"

"知人之明，谋国之忠"，这是对曾氏极高的评价，且很早之前左氏向朝廷上折时就表达过，并非曾氏去世后的套语。"同心若金，攻错若石"，肯定他与曾氏同心同德是主流，相互攻错不过是支流而已。

更为罕见的是左宗棠在挽联中署上"晚生左宗棠"。此前他从未在曾氏面前如此自谦过，甚至包括曾氏升任协办大学士、大学士之后。按清朝官场惯例，官员须在大学士、协办大学士面前自称晚生。光绪元年（1875），曾国荃致信左宗棠，祝贺其升任协办大学士，按惯例谦称晚生。左氏在回信中回忆起当年曾国藩升任协办大学士时允许自己不称晚生的故事，让曾国荃不必如此。当年，曾国藩在复左宗棠信中引用戏文"恕汝无罪"，为左氏开脱。如今左宗棠又将这句戏文在复信中送给了曾国荃。这样的故事很难让人相信曾、左会失和交恶。

从某种意义上讲，曾国荃就是乃兄曾国藩的影子。而事实上左宗棠与曾国藩不通音问之后，与曾国荃的关系却更为密切。

同治三年（1864）曾、左失和，第二年左氏与曾国荃亦无通信，第三年仅有一封书信往来。此两年为曾、左关系的敏感期，可以理解。但到了同治六年（1867），左氏致曾国荃书信达八封，俨然是关系最为密切的老朋友。

同治五年（1866）八月，时任湖北巡抚曾国荃上《劾督臣疏》，弹劾湖广总督官文。曾国藩获悉后大为着急，担心朝廷偏袒官文，因为他出身于满族贵胄。而左宗棠一开始就明确支持曾国荃这一举动（其中也许有左氏与官文的私人恩怨）。至于陕甘用兵之事，左氏也常征询曾国荃的意见。光绪十年（1884），左氏由于身体原因请辞两江总督，同时力荐曾国荃继任。

左宗棠对曾国藩的后人也做到力所能及的照顾与帮助。

首先，极力支持并推荐曾纪泽。

光绪六年（1880），曾纪泽奉命出使俄国、英国，与俄国谈判收复伊犁之事，事关重大，使命艰巨。左宗棠在致刘锦棠、徐小云二人的信中称赞其"遇事一力承当"，"办事尚为得体"。

光绪十年（1884）闰五月，左宗棠刚交卸两江总督一职回京，复入值军机处，即上《遵旨保荐人才折》举荐曾纪泽，认为他学识宏博，精通经史，对西方各国情形了如指掌，奉旨出使办理外交，不卑不亢，举止得体。在左氏看来，曾纪泽实现了其父未竟之志，又赢得了邦交各国对大清的敬意。他认为曾氏之才干高于刚署理两广总督的张之洞，希望朝廷能简任曾纪泽为闽浙总督或两江总督。若果真如此，既能稳定海防，又能平息西方各国的嚣张气焰。由此可见左氏对曾纪泽的器重与极力提携举荐之力。

其次，左宗棠资助曾国藩次子纪鸿并对曾氏侄子纪渠亦多有照顾。

另外特别值得一提的是，左宗棠极力提携并重用曾国藩女婿聂缉规。

光绪七年（1881）九月，左宗棠离京出任两江总督，安排聂任职上海制造局，月薪五十两。时制造局总办为李兴锐（后亦官至两江总督），李氏认为聂缉规年轻纨绔，别无所长，不同意他任职制造局，但为照顾左宗棠面子，可以为聂开薪水。

左宗棠回长信答复李兴锐，说自己并不认识聂，是好友王著农等人推荐说聂"有志西学"，并不是为薪水而来谋求一个闲差。至于对聂氏的评价也不能以一时为据。在信中，他还回顾了自己与曾国藩的交往："弟与文正论交最早，彼此推诚许与，天下所共知。晚岁凶终隙末，亦天下所共见。然文正逝后，待文正之子若弟及其亲友，无异文正之生存也。阁下以为然耶？否耶？"论及与曾国藩的关系及自己照顾关心曾国藩后人的举动，毫无隐讳，坦诚而真实。

在左宗棠的坚持之下，聂缉规得以任职上海制造局，成就一番洋务之才。左氏去世后，聂氏先后出任江苏、安徽及浙江巡抚，亦足见左氏识人之明。

聂缉规妻子即曾国藩满女曾纪芬（晚年号崇德老人），聂次子娶左宗棠长孙女，两家成为姻亲。

综上所述，笔者认为曾、左失和至不通音信，实际上是特殊的形势造成，绝不是一个偶然事件造成双方因怨恨而交恶。自同治二年（1863）左宗棠升任闽浙总督始，天下精兵几乎集中于曾、左两位湘系要员之手。清廷固然关注剿灭太平军事宜，但对湘系集团的猜疑与防范也始终是头等大事。当左宗棠升任闽浙总督，曾国藩此时即主动减少与左氏的往来。仅从《曾国藩日记》所记录的通信情况来看，即可看出同治二年（1863）开始双方已主动减少往来：咸丰十年（1860）和十一年有八十四封；同治元年为三十五封，二年则直线降为十一封，三年仅有五封。随着金陵城破，太平天国余部事实上已成强弩之末，清廷此时最担心的早已不是出逃的幼天王洪福瑱及其余党，恐怕是手握重兵的湘系集团了。所以当清廷几天之内连发谕旨对曾国藩严词训饬，应是别有所图。对于曾国藩而言，防止兔死狗烹的悲剧重演，最好之法是自污，是主动裁军，同时向朝廷和天下表明：曾、左作为两个方面军的主帅，其关系其实是不谐的。"君子绝交，不出恶声"，两个正人君子断交，有没有必要闹得沸沸扬扬，让天下人共知？

（原载《书屋》2018 年第 5 期）

从"任性"到"哲圣"

　　胡林翼（1812—1861），字贶生，号润芝，湖南益阳人，与曾国藩、左宗棠及彭玉麟并称为晚清"中兴四大名臣"。胡林翼不到五十岁即积劳成疾，英年早逝，其人生经历殊为跌宕。李瀚章（李鸿章之兄）对其生平有一番评论："公生长华胄，少时鲜衣怒马为跅驰之游，中年折节读书，有心先儒理学。"胡之好友郭嵩焘则说他少负才气，晚年"维德自新，几于哲圣"。此二人的评论大致可以勾勒出胡林翼的一生，即青少年时期放荡任性，中年以后注重修身养性，励志进德，晚年"遂渐入道域"，最终成为郭嵩焘心目中的儒家"哲圣"。

一

胡林翼出身于书香门第、官宦之家。其父胡达源是殿试鼎甲探花，任职四品京卿，到三十五岁时方生有独子，父母视之为掌上明珠。胡林翼早岁的任性与放荡应与其成长的家庭环境有密切的关联，加之其天生聪明伶俐，过目成诵，被秀才出身的祖父及其他长辈宠惯自不待言。

胡林翼幼年之时即有奇遇。嘉庆二十四年（1819），胡达源科举告捷，这年胡林翼尚为八岁（虚岁）之幼童，随任职于益阳县志馆的祖父胡显韶读书，正巧日后成为道光朝显宦的安化人陶澍道经益阳。陶澍与胡显韶会面时一见胡林翼，即惊为"伟器"，遂择定为东床。陶澍之后官运亨通，不数年间就做到了两江总督。

至于胡林翼早岁任性放荡的故事，最著名的莫过于新婚之夜与友朋在酒肆饮酒作乐，烂醉不归，而殊难理解的是岳丈对女婿的姑息乃至放纵。据传当晚陶夫人十分伤心，埋怨丈夫看错了人，而陶澍则劝慰她说，此子乃瑚琏之才，现在年轻贪玩，以后必成大器。但成家之后的胡林翼并没有太大的改变，依然我行我素，积习不改。而颇重名节且位居高位的陶澍依然对女婿不加约束。《清朝野史大观》有如下一则笔记流传甚广：

　　陶文毅督两江，严禁僚属冶游。时胡润之亦在文毅幕中，僚属之冶游者皆借润之为名，而文毅则独责诸幕僚而不责润之也。曰："润之他日为国勤劳，将无暇晷以行乐，今之所为，盖预偿其后之所劳也。"已而润之果勤劳国事至死矣。观此，则以文毅之严正，而独能恕润之；以润之之跌宕风流，而一操事权，则顿改前态，苦刻励行。英雄之所为，固迥异寻常人矣。

胡林翼在两江总督幕府中任性冶游也许确有其事，但作为幕主兼岳父的陶澍独不责胡氏，还找出一番先见之明的说辞出来，似不可信，应当是胡林翼功成名就积劳身死后，好事者杜撰调笑之笔。

另一则笔记记载似乎更可信。据朱孔彰《中兴名臣事略》记载，针对胡林翼任性冶游，恣意声伎的毛病，陶澍某日大治筵宴，延请女婿上座，"纵谈古今豪杰，微讽之"，胡"由是折节读书"。几年之后，胡林翼连中举人、进士，时年二十四岁，可谓科场异常顺利，其父胡达源中进士已在四十岁以后。

胡林翼科举入仕在京做官之后，旧习难改，仍有嫖娼之事。不过这类糗事是难入正史的，仍只能上野史笔记。据黄濬《花随人圣盦摭忆》记载：

> 善化周荇农先生（寿昌）以文章名世，相传胡文忠入翰林后，在京常与荇农冶游。一夕方就娼家，坊卒掩至，荇农机警，亟入厨下，易服而立，得免；文忠及他人并絷去，例司坊质讯，不敢吐姓名，坐是颇受辱。释归，即与荇农绝交，谓其临难相弃。后此治军，且不喜用善化籍。曾文正为荇农屡解释于文忠，卒不得大用。

荇农即周寿昌，晚清著述大家，诗、文、画俱负盛名，累官至礼部侍郎。胡林翼与周寿昌曾经一起参与嫖妓，遭遇坊卒抓嫖，周以机警得脱，而胡林翼认为此人"临难相弃"，不能有难同当，竟至与其绝交。

有清一代娼妓业是公开的行业，但清政府对官员嫖妓有严格限制，一旦官员被坊卒查到则属严重违纪行为。虽则如此规定，但京官下妓馆仍属普遍现象，只是行为隐蔽不会大张旗鼓。像胡林翼这样与友朋结伙行乐、放浪不羁的现象比较少见。

道光二十一年（1841），胡达源病逝于京，胡林翼辞官守制，扶柩南归。在丁忧赋闲的几年间，胡氏除以书卷翰墨自娱外，仍旧放荡形骸，寄情山水，依然是一副纨绔公子派头。

二

胡林翼中年以前的放浪任性固然与其出身于富贵人家，从小娇生惯养有关，但笔者认为其深层因素似不在此，而与其从小治学的路径与现实的矛盾有关。

清朝嘉道年间，湖湘学风已有重视经世致用的氛围。胡林翼的长辈、业师与好友中就多具经世致用思想倾向，如岳父陶澍是湘中经世派的领袖人物，其父胡达源出身于岳麓书院，是山长罗典的得意门生，挚交左宗棠后来也是经世派的代表人物。

胡林翼八岁之前随祖父读书，九岁那年随母亲赴京，由叔父胡达潜护送。叔父留京准备参加顺天乡试，胡林翼即由叔父教读。道光二年（1822），胡达潜乡试不第，只身南返，胡林翼继续留京，直接从父亲业读，直到中举前。

深受岳麓书院经世致用学风熏陶的胡达源深刻影响了其子的向学路径。胡达源之为学，"由宋五子上推孔孟之旨，而尤严于公私义利之际，始于切近，以致远大"。胡林翼在所撰《箴言书院序》中回忆父亲对自己的教育时说，其父"独以有宋诸儒之学力，践诸其躬，盖所谓卓然不惑者"，可见，庭训之余父亲的教育引导与胡林翼经世致用的向学路径形成有密切的关系。

岳父陶澍对胡林翼的影响也有直接的关系，胡林翼八岁之时即被陶澍择为快婿，之后对其为学与为人自然也是时时关注。

作为嘉道之际湘中经世派的领袖人物，陶澍早年即倾心实学。后来总督两江，成为一代名宦、朝廷重臣，其经世之志始有尽可抒发之条件，对当时积弊严重的漕务、盐政及河工等大政均有富有成效的改革与整顿。胡林翼从十九岁起入赘陶家，并随居于陶澍官署，充当其幕僚，耳濡目染其经世作为。胡林翼尝在致其父的家信中说，"岳丈胸中本极渊博，加以数十年来宦途阅历，上下古今融会贯通，每及一事，旁征曲引，判断洞中窍要，于男进益非浅显焉"。

胡林翼所就学的业师除祖父、父亲及叔父等家人以外，尚有多位名师，其中最为重要者为曾经主讲长沙城南书院的贺熙龄。贺熙龄是湘中名宦贺长龄之弟，兄弟二人俱力倡经世之学，贺长龄主编之《皇朝经世文编》成为道光时期经世致用思潮兴起的标志性文献。

贺熙龄在京期间亲自教授过胡林翼，他"掌教城南，辩义利，正人心，谕多士，以立志穷经为有体有用之学"，"诱以义理经世之学，不专重制艺帖括"。贺氏的学术理念与教育宗旨，正是当时经世派的共同特点，其对门生的教化作用更为直接。贺熙龄主讲城南书院时左宗棠即追随贺氏而学，受其影响颇大。

这种经世致用的学风一开始就与当时读书人的直接目标科举入仕相背离，也在尚处幼年之时的胡林翼心中种下了矛盾的种子。

前文所述胡林翼九岁时随叔父胡达潭在京读书，道光二年（1822），胡达潭乡试不第南返，到家后来信报平安，胡林翼复信，一方面安慰叔父，另一方面直陈科举制度之弊：

> 考试制度，创自明祖，其用意所在，姑置不论。唯以一日之短长，定万人之高下，沧海遗珠，势安能免士之怀才而不售者！岂果文章之劣，非命运之舛！即主试者知才之匪易，风檐寸晷中，殆不知有多少才人因挫折而抑郁，而穷愁，而颓放，或且至于老死而默默无闻。其狡黠者，不甘岑寂，则更别出奇途，以求遂其富贵功名之欲望，而天下事遂不堪问，呜呼，此又岂创者之本意哉！侄年少，言未能合于理，聊抒所怀，尚望叔父纠绳而训导之。

是年胡林翼刚满十岁，文笔已显老辣，对科举之弊有一定的认识。随着年龄与阅历的增长，胡林翼对八股取士误导天下读书人专重帖试之文而妨碍经世致用之学的弊端认识更为深刻，批判也更为激烈。道光十三年（1833），他给在家乡的两位堂弟写信，劝他们勿走"偏重时艺"的歧路：

二弟近日读书，偏重时艺，兄意殊不谓然。兄尝独居私念，秦始皇焚书坑儒，而儒学遭厄；明太祖以八股取士，而儒学再遭厄。始皇之意，人咸知其恶，焚固不能尽焚，坑又未能尽坑，且二世即亡，时间甚暂，其害尤浅。独明祖之八股取士，外托代圣立言之美名，阴为消弭枭雄之毒计，务使毕生精力，尽消磨于呫唔咕哗之中，而未由奋发有为以为国家尽献谟之献，此其处心积虑，以图子孙帝王万世之业，诚不失为驾驭天下之道，而戕贼人才，则莫此为甚……

兄意时艺既为风会所趋，诚不妨一为研究。惟史学为历代圣哲精神之所寄，凡历来政治、军事、财用、民生之情状，无不穷源竟委，详为罗列。诚使人能细细披阅，剖解其优劣，异日经世之谟，即基于此。二弟其勿仅虚掷精神于无用之地，而反置根本之文学于不顾也。

在这里，胡林翼大呼"八股之害，甚于焚书"（顾炎武语），力劝其弟注重经世之学。能以此劝人，自然以此自戒。但是现实的困境在于，作为一个士人，若不通过科举入仕这个进身之阶，不但自己的经世之志无从施展，还会被长辈、妻子乃至流俗所鄙视，这也正是胡林翼内心矛盾之所在。也许，他年轻时的放浪任性正是这一矛盾的外在表现。

现在不难理解作为岳父的陶澍为什么能容忍乃至纵容女婿的放浪任性。陶澍出身于贫寒的士人之家，"陶制军澍未第时，家极贫，课徒自给。而公性颇豪，嗜饮善博，虽家无担石储，不顾也"，以致原配妻子都改嫁。有此早年的经历和倾心实学之志，想必陶澍对女婿内心真实的痛苦是理解的，所以说岳父就是胡林翼的真正知音，胡林翼也是岳父的知音。陶澍谢世后，胡林翼经常将《陶文毅公全集》作为礼物赠送友朋，旨在传播其道。

在岳父与父亲的劝说之下，胡林翼于道光十五年（1835）和十六年（1836）参加乡试、会试，连中举人、进士，不想科场出奇顺利，之后入翰林院，授编修。但是科场告捷的快意没有持续多久，翰林院抄抄写写的工作消磨着胡林翼的锐气，经世之志的实现遥遥无期，几年的京官生涯能给他的人生增添亮色的也许只有任性冶游，寄情声伎。

<h2 style="text-align:center">三</h2>

从道光二十一年（1841）丁忧回乡守制到道光二十五年（1845），胡林翼过了几年隐逸生活。道光二十四年（1844），胡在写给叔父的一封信中道尽了其赋闲时期的真实心理：

> 林翼迩年问舍求田，卑卑不足道。自顾读书三十年，未始不高自期许，今乃以室家之累，迫而为稻粱之谋，既惜志之不伸，亦叹命之不辰（振）矣。惟近来母子妻孥共处一堂，兄弟叔侄近隔咫尺，天伦团集，其乐融融。然对镜则面觉其胖，围腰则带嫌其短，身虽肥而心则疲，非疲乎富贵之不可期也，惧泉石之膏肓，遂以清暇而甘颓惰也。昔人以髀肉复生慨然自惜，有志者固如是乎？

随着年岁的增长，赋闲逍遥的生活日益成为胡林翼心头的折磨与煎熬，因而实现经世之志，建功立业也日益成为心中的渴望。

道光二十六年（1846），胡林翼在友朋的帮助之下，选择贫瘠偏僻的贵州出任知府，而后当道员。赴任之前他先回家乡到父祖坟茔祭拜，立誓"不取官中一钱自肥，以贻先人羞"。从早岁任性浪荡的纨绔公子，突然有了矢志守正的道德境界，并非偶然，实与其由宋儒理学而践行经世之志的内在精神追求是一致的。

考察胡林翼以后任地方官的实际情况，无论是任职黔中，还是主政鄂省，他确实做到了克制私欲，清廉自守。"自从政以来，未尝以一文寄家"，"不好利，不营私，作官不余一钱"，以致"位至巡抚，将兵十年，于家无尺寸之积"。

对于当时官场官贪吏虐之积弊，胡林翼有清醒的认识，并给予猛烈的抨击。他说："吾辈既忝颜而居士民之上，便不当谋利。如欲谋生，则天下可以谋生之途甚多，何必借官而谋及其私？"在这种贪风肆虐的官场环境下，胡林翼能做到守廉持俭，已属难能可贵，而且以身垂范，自捐养廉银，倡导其他官员亦暂时免领养廉银，以解决军需的燃眉之急。

在朝野上下趋利之风盛炽的大背景下，胡氏舍利取义的价值取向，正是从追求天下致治的高度，来实践其经世之志。

胡林翼的这种自我约束，进德修养还特别表现在无论政务、军务多么繁忙，仍坚持修学不辍。据《清朝野史大观》记载，胡林翼"治经史有常课，仿顾亭林读书法，使人雒诵以己听之，日讲《通鉴》二十页，四子书十页，事繁则半之。而于《论语》

尤十反不厌，敦请耆儒，与之上下其议论，旁征列史，兼及时务，迨病至废食，犹于风雪中讲肄不少休。"临终前几个月重病缠身之时，"行军所至，日夕支帐为邸，烧烛席地以讲"。胡林翼临终前有"闻道苦晚，今虽稍有所见而不及行者多矣"之叹，比起孔子"朝闻道，夕死可矣"之说，更带有贵道践行的价值追求。

胡林翼的修身进德之境，还表现在践行理学的"仁爱"之道，一方面以"诚"待友朋同僚，另一方面"施惠于民"。

胡氏殁后，曾国藩上《沥陈前湖北抚臣胡林翼忠勤勋绩折》，谈到胡氏与朋僚的关系：

> 近世将才，推湖北为最多。如塔齐布、罗泽南、李续宾、都兴阿、多隆阿、李续宜、杨戴福（即杨载福，因避同治帝讳改，后改为杨岳斌）、彭玉麟、鲍超等，胡林翼均以国士相待，倾心结纳，人人皆有布衣昆弟之欢。或分私财以惠其室家，寄珍药以慰其父母……其心兢兢以推让僚友、扶植忠良为务。外省盛传楚师协和，亲如骨肉，而于胡林翼之苦心调护，或不尽知。此臣所自愧昔时之不逮，而又忧后此之难继者也。

一般论者认为胡林翼对待友僚朋僚属多用权术，但笔者认为，胡林翼为实现其天下致治的目标，"术"不掩其"诚"，因为"诚"是胡氏认定的一个基本的道德原则。

在"施惠于民"的致治之道方面，胡林翼从"民为邦本"的传统思想出发，形成了重民爱民的政治伦理思想，对残害百姓的贪官污吏表现出极大的痛恨，对民间疾苦表现出深切的同情，并采取一些力所能及的措施兴利除弊，施惠于民。

而胡林翼修身进德的最高境界则是所谓"公忠体国"，为君国做到鞠躬尽瘁，死而后已，这也正是提挈其道德升华的制高点。他认定"吾人以身许国，即难进退任情"，所以他可以"心中无一毫私欲家室之念"，可以"于世味无所嗜好，利钝成败，升沉祸福皆不计"。所以他能在艰难困顿之中以愚公移山、精卫填海之精神愤然自励，抱定虽只有一二之希望，仍要尽百倍之努力。所以他对自己年不足五十，由于"积年戎帐"而已如"八九十岁人"的身体，毫不顾惜，甚至病到"面色如白纸，神采如槁木，两鼻孔日夜翕张，盖喘息粗而神明已竭"的危重之时，仍勤于职守，表示"然愿即军中以毕此生，无他念也"。

左宗棠在祭胡氏文中描写了探使回报胡林翼病中情况，"公卧射堂，屏退妇稚。血尽嗽急，肤削骨峙。频闻吉语（指攻克安庆的捷报），笑仅见齿"。由于攻克安庆胡氏居于首功，清廷对其加"太子太保衔"封赏。第二天，即咸丰十一年（1861）八月二十六日，胡林翼病体终于不支，逝于军中，享年虚岁五十。

考察胡林翼的一生，青年时代因经世之志与现实的冲突而任情放浪，中年以后由"内圣"而"外王"得遂其经世之志，虽只享中寿，其"忧国之诚，进德之猛，好贤之笃，局量之宏，吏才之精，不特为同时辈流所不逮，即求之古人，实亦不可多得"（曾国藩语），已然成为朋辈中的哲圣矣！

（原载《书屋》2016 年第 9 期）

郭嵩焘：一生怀抱几曾开

——"湘阴三郭"的进与退

一

"湘阴三郭"是晚清以来对郭嵩焘及其胞弟郭崑焘和郭仑焘的称呼。曾国藩曾经对这兄弟三人有一句酷评："湘阴三郭，论学则一二三，论才则三二一。"对此，胡林翼也有过类似的看法，他曾对郭嵩焘笑称："君家兄弟，后者累而上，若汲长孺（汲黯）之积薪也。"意指老二崑焘之才干优于老大嵩焘，老三仑焘又优于老二崑焘。曾、胡的评价基本上符合实际。郭嵩焘长于学，为著述之才，留下了大量经学与史论著作，是学问家与思想家。然而郭嵩焘性情笃直，勇于任事，但不谙于官场之道，为官处处扞格，以至于多次引退。郭崑焘与郭仑焘的学问不如乃兄，但其行政能力、办事才干十分优秀，在湘军与太平军长期作战的过程中，兄弟二人实际上支撑湘省十余年，成为湘军后方的顶梁柱。然而一旦湘军与太平军战争结束，兄弟二人均功成身退，未曾显达，所以在历史上的知名度与影响力远逊于其长兄郭嵩焘。

同胞三兄弟都是响当当的历史人物，这本身就是值得研究的现象，而且兄弟三人都有进取之志，又常怀退敛之心，他们似乎又有相同的心路历程。

历史上兄弟三人并称的似不多见。"三曹"是曹操与曹丕、曹植父子，"三苏"是苏洵与苏轼、苏辙父子。"公安三袁"指出生于湖北公安县的袁宗道、袁宏道和袁中道三位文学家兄弟，"湘阴三郭"庶几近之。兄弟三人都成为历史上的杰出人物，其成长道路似应追溯其家世渊源与家庭教育。

郭家本为湘阴巨富，郭嵩焘说其曾祖父望湖公"善居积，富甲一邑，亦乐施与。沉厚敏捷，才气沛然有余"。祖父辈兄弟六人中有一人为内阁中书兼协办侍读，四人为县学廪生或生员。他们都是颇有学问和个性的人物，或仗义疏财，济人之急，或精于事理，兼综博览，对其子孙有过不同程度的影响。郭嵩焘的继祖父郭世遵为县学廪生，临终前向其兄弟吟诗："天既促我命，脉脉语不得。死者安足悲，生者各努力。"至死犹勉励其努力向学。

郭氏兄弟的父辈也大多有学问，有见识，他们对兄弟三人的成长产生了重要的影响。叔父郭徵畴，字西清，道光二十六年（1846）举人。此人"勤敏精锐，遇事应机立断，厘剔积弊，维持大体，略无引避"。堂伯父郭家陶，字钧台，贡生。此人"沉练精敏，通知人情，而斩然一出于正。主持公事，务规久远"。

郭氏兄弟另有一伯父郭家骥，字兰友，候选布政司。此人

"少负才气，纵横捭阖，诙奇自喜。晚乃折节为端谨，杜门不通宾客。而上自生民利病，国家制度律令，下至市物贵贱，言之历历不爽"。其经世致用的思想显然影响了郭氏兄弟。

至于郭氏兄弟的父亲郭家彪（1794—1850），字春坊，秀才出身，且精通医理，是郭氏兄弟的启蒙老师。郭家彪信奉道家的处世哲学，对此，曾国藩在《敕封儒林郎郭府君暨张安人墓志铭》中有一段描述："生而温约夷愉，与人无竞，不苟为和翕，亦不为介介踔异之行。卒然投之事变，若不克辨其是非曲直也者。及夫群疑劫劫，徐出一言折之，关开节解，风生冰释，虽强辩者常默然而内自诎也。"父亲的为人处世之道想必会在儿子身上产生一定的影响。

郭氏兄弟的母亲张氏出身名门，系长沙张鹏振之女。张鹏振，字励吾，嘉庆十八年（1813）优贡，以擅长书法闻名于世，与贺长龄、邓显鹤相友善。三郭的母亲亦通诗书，也是兄弟三人的启蒙老师，且生性克己奉人，对兄弟三人性格的形成有直接影响。

二

郭嵩焘（1818—1891），字伯琛，号筠仙，或署云仙。从少年时代开始，郭嵩焘就确立了以科举进取功名的理想，虽非顺利，却始终没有放弃。

道光十五年（1835），郭嵩焘中秀才，第二年求学于岳麓书院。在求学于岳麓书院期间与曾国藩、刘蓉、江忠源以及罗泽南等成为莫逆之交。道光十七年（1837），郭嵩焘乡试中举，年十九周岁，这年冬天，即赴京参加会试。可见郭在科举仕途的起步阶段还是相当顺利的，但从参加会试到最终中进士却遭遇了较大的曲折。从道光十八年（1838）首次参加会试到道光二十七年（1847）第四次会试得中进士，经历了整整十年。

大多数举子经过多次会试落第后，一般会选择放弃，比如左宗棠，道光十二年（1832）中举，此后六年内三次会试不第，遂不再参加。

郭嵩焘参加会试的十年正碰上了他人生中的双重忧患。第一重忧患是有关个人和家庭的。郭家自其曾祖以来，本为巨富，但自从"道光辛卯以后，连年大潦，所受皆围业也，坐是益困于水"。郭家收入来源主要为田租，而湘阴连年水灾，郭家租入锐减，家道遂中落。

郭嵩焘四次赴京会试，其家庭经济负担更趋沉重。每次落第，他只能以更加发奋攻读来应对。为了摆脱经济困境，他只好在会试之余去设馆课徒或充当幕僚。郭嵩焘曾于道光二十年（1840）至道光二十二年（1842）任浙江学政罗文俊幕僚，道光二十三年（1843）在湖南辰州（今沅陵）教馆，道光二十六年（1846）赴江西吉安府，充知府陈源兖幕僚。

郭嵩焘的第二重忧患来自于国家与民族。道光二十年（1840）鸦片战争爆发，中国开始面临"三千年未有之大变局"。鸦片战争期间，郭正好在浙江学政幕府，亲身经历了鸦片战争，目睹英军的船坚炮利和绿营、八旗军的不堪一击，开始萌生对国事民瘼的忧虑。

这双重的忧患既是压力又是动力。一方面复兴家业需要作为长兄的郭嵩焘成为顶梁柱；另一方面要实现"治国平天下"之志，也需要他会试及第。因此，科举的道路虽然曲折艰难，但他始终没有放弃。相比之下，仲弟崑焘两次会试落第之后，即告放弃。而季弟崙焘虽博洽多通，却未曾进学，而一直致力于经世之学。

当然，与科举考试相比，郭嵩焘的仕宦之路，更显艰难曲折。

道光二十七年（1847）进士及第以后，郭嵩焘入翰林院，似乎仕途前景一片光明。但不久母亲、父亲先后病逝，不能进京参加翰林院散馆，谋派差事，直到咸丰二年（1852）太平军围攻长沙前，郭嵩焘一直在湘阴居丧。

咸丰二年郭嵩焘力劝左宗棠、曾国藩出山，之后与曾国藩等筹建湘军。直到咸丰七年（1857），郭嵩焘的主要职责是帮助湘军筹饷，实际上是充当曾国藩的幕僚。

从咸丰七年底起郭开始任职翰林院，入值南书房，帮办僧格林沁军务，到受命请清查山东沿海税务，前后只有三年时间。山东之行遭构陷，使郭嵩焘受到进入官场以来的第一次重大打击。虽然返京后仍入值南书房，但其已萌生退敛之志，遂于咸丰十年（1860）三月具折请病假回籍，在家乡闲居两年之久。这是郭氏官场生涯的第一次起落。

同治元年（1862）四月，李鸿章署理江苏巡抚，即向朝廷奏请擢授郭嵩焘江苏司道实缺。五月一日，诏授郭苏松粮道，任职八个月后朝廷改任郭两淮盐运使。同治二年（1863）六月，朝廷命郭嵩焘署理广东巡抚。到同治五年（1866）五月交印，实际署理广东巡抚两年零七个月。郭氏这段任职苏、粤的官场生源前后不到四年，即告结束。

郭氏交卸广东巡抚之职后，朝廷复授其两淮盐运使，虽是降职，却是肥差，但郭氏退隐之心已决，遂乞病开缺回籍。这是郭氏官场生涯的第二次进退。

从同治五年（1866）决计引退，到同治十三年（1874）被重新起用，郭嵩焘在湘近十年之久，其间掌教城南书院，主修《湖南通志》，潜心治学著述，卓有所成。

同治十三年（1874），日本进犯台湾，朝廷需要重新起用一些懂洋务的人才，而郭嵩焘被李鸿章称许为"精通洋务第一人"。六月初八日，诏命郭嵩焘入京陛见，六月二十五日，郭氏得此诏命。次日，赴友人宴。同席者年龄合计五百三十岁，以郭氏最小。一友人引《孟子》说："五百年必有王者兴。"另一友人指着郭氏说："奉上谕进京，君当应之。"郭氏即补引《孟子》下文："其间必有名世者。"郭氏的补引，一方面说明他政治上的谨慎与敏感，绝不敢以"王者兴"来开玩笑；另一方面，又表明他虽闲居十年，但入世之心并未泯灭。《孟子》文中的"名世者"，即"命世之才"，郭氏历来是以此自负的。第二次引退后，郭氏曾经宣称"不复乐为世用"，但当朝廷急需用人，郭氏没有太多迟疑，即于十月底兼程北上，十二月底抵达京师。

光绪元年（1875）二月，郭嵩焘得旨简放福建按察使，七月诏命开缺，并任命为出使英国钦差大臣。十一月，朝命郭署兵部左侍郎，并在总理衙门行走。光绪二年（1876）十月，郭嵩焘毅然以六旬老病之躯，出使英国，成为中国历史上首任驻英公使。但是如同国内仕途不畅一样，郭使英期间也是多方掣肘，矛盾重重。光绪五年（1879）三月，郭自英、法返上海后抵湘。尽管朝廷和总理衙门一再催其北上任职，但这次郭退隐之心已决，从此以后在湘赋闲十二年，直到光绪十七年（1891）病逝。（参见拙作《左宗棠与郭嵩焘：立功与立言》，《书屋》2015年第03期）

郭嵩焘不到三十岁即中进士，步入仕途，到七十三岁去世，做官时间不到十五年，中经三次进退。而正是由于他长期的赋闲，才能有时间和精力潜心治学，留下大量的著述。2013年，岳麓书社出版了《郭嵩焘全集》，计十五册，八百余万言。

三

郭崑焘（1823—1882），字仲毅，号意城，晚自号樗叟。郭崑焘幼时也如乃兄一样聪颖过人。三岁时母亲张氏教其识字，七岁能作文。崑焘比长兄嵩焘小五岁，十二岁即与乃兄同补县学生员（秀才），后就读岳麓书院。于道光二十四年（1844）乡试中举。次年随长兄嵩焘入京参加恩科会试，兄弟二人俱不第。道光二十七年（1847），兄弟两人再次入京会试，嵩焘得中二甲三十九名，赐进士出身。嵩焘再次落第，从此不再入京会试，专心讲求经世之学。

咸丰二年（1852），太平军围攻长沙。湖南巡抚张亮基礼聘左宗棠与郭嵩焘入幕，左主军政，郭掌机要文字兼筹军饷。张亮基升任署理湖广总督，郭氏与左氏亦随之至武昌。张巡抚对郭、左二人十分信赖与倚重，以至于言听计从。不久，张亮基调任山东巡抚，郭、左遂返湘入巡抚骆秉章幕，郭氏仍掌巡抚机要文字及筹饷事宜。为了筹集军饷，郭嵩焘力排众议，在湘省首办厘捐。据李元度《郭君墓志铭》记载："（郭）乃仿刘晏引用士人法，明定规则，使商情不至壅阂，而侵牟之技亦无所施，行之十数年，卒夷大难。至今湖南各局流弊视他省独少，君之力也。"

咸丰十年（1860），左宗棠奉命帮办江南军务，组建"楚军"，入浙平叛。"于是湖南军政，君一人专任十余年。"（李元度语）咸丰十一年（1861），骆秉章升任四川总督，继任湘省巡抚毛鸿宾、恽世临及李瀚章等仍十分倚重郭嵩焘。据李元度《郭君墓志铭》记载："毛公鸿宾、恽公世临并倚君如右臂，君亦壹意以通下情、布公道为先务。……君先后佐诸公，久于其位。其时，援军四出，东则江、皖、浙、闽，南则两粤，西则黔、滇、蜀，而曾文正东征之师，亦倚湖南为根本。列服安危利病及其地势险夷、将帅贤否，君皆往来心目中，算无遗策，用能以一隅力支大局，天下阴被其赐而不知。"李元度所论实道出了湖南在平定太平天国过程中的大后方地位，而湘省在左宗棠离开之后，作为幕僚长的郭嵩焘实居枢纽之作用。同治三年（1864），湘军攻破南京后，郭氏又筹饷白银数百万两，使曾国藩、国荃兄弟得以还清欠饷，遣散军队。之后，郭崑焘便功成身退。三年后，刘崐接替李瀚章任湖南巡抚。时湘西"苗人"叛乱，刘崐强请崑焘出山，"苗乱"平，即辞归。期间曾国藩多次请郭崑焘从征平"捻乱"，均遭谢绝。

十余年间，郭崑焘以经世之学成就一番事功，朝廷曾授予其国子监助教，晋内阁中书，加五品衔，后累晋四品京堂，加三品顶戴。

郭崑焘留有不少著述，主要有四种。其一为《云卧山庄诗集》八卷，卷前有张启鹏序："君雅不欲以诗名，而其为诗，兼备众体，出入东坡、放翁、遗山，直跻唐贤之室，其必传于后无疑也。"其二为《云卧山尺牍》八卷，郭氏在《自序》中称这些信函"非独以见区区精神运量之所存，异日谈数年中事或亦有所考证焉"。其三为《云卧山庄别集》五卷，其四为《云卧山庄家训》二卷。《家训》多从郭崑焘一生治学从政的亲身经历中来，不乏真知灼见，为崑焘病逝后由其子郭庆藩编辑刊刻。

郭庆藩（1844—1896），字孟纯，号子静。受其父影响，庆藩亦精通经世之学，以军功在江、浙两地任道员、知府，曾主持修浚京杭运河扬州段。郭庆藩是大学问家，著述颇丰，主要著作有《说文经字考辨证》《说文经字正谊》等十七卷，《合校方言》《庄子集释》《泊然庵文集》《梅花书屋诗集》等四十六卷。其中《庄子集释》是清代《庄子》考释学中最杰出的著作，王先谦作序，光绪二十年（1894）刊印。

四

郭崑焘（1827—1880），字和叔，号志城，郭嵩焘季弟，因伯父郭家暾无嗣，以崑焘为继。郭崑焘与两位兄长一样，自幼聪颖，率真耿直，博学多才，然不喜试帖之文，而有志经世之学。从太平天国起事到被平定十余年间，和仲兄郭崑焘一样，历任湖南巡抚都以之为左膀右臂。

道光二十六年（1846），郭嵩焘偕同郭崑焘、曾国荃，赴吉安府充当知府陈源兖幕僚。郭崑焘时年十九岁，这是他首次离湘外出开阔眼界，但其才干很快得到众人的认可。

郭崑焘任职湖南巡抚幕府十余年，主要工作是帮办财政，曾主持岳州厘务，并整顿岳州救生局。李元度说郭"任榷税助饷事凡十余年，所至必推求实际，厘剔弊端，而务曲体人情，故汔（几乎）无怨者。"

郭崑焘早年亦胸怀大志，渴望建功立业。咸丰五年（1855）任职岳州，于重阳节登上岳阳楼，触景生情，写下《九日登岳阳楼同丁稚璜太守作》。该诗格调高远，直追唐宋诸贤。诗云：

九流争赴水萦蟠，汇得平湖八百宽。

天迥鱼龙噓月上，秋高鹰隼傍霄抟。

楼台遗迹留丹火，江汉回波散翠澜。

几处溪山存旧物，哀歌拔剑倚栏看。

　　咸丰五年正值太平军势力最盛之时，岳州经此兵燹，满目疮痍。诗人哀歌登楼，拔剑倚栏，只见近处的楼台，已成遗迹；远处的溪山，仅存旧物。但年轻的诗人登高远眺，"九流争赴""八百湖宽"的浩淼境域仍收眼底，仿佛自己置身鱼跃龙嘘、鹰隼搏击的奋斗空间。然而几年之后，郭崑焘即萌退志。曾国藩、胡林翼及李鸿章等向有知人识人之名声，他们都对郭崑焘十分欣赏，并一致认为其经世之才超过其两位兄长，因而多次招其入幕帮办军务，郭均辞不就，不肯离开湖南。郭氏向他们解释说："某以病躯，出而随俗，苟且任事，则负初心。若事事求实际，则精力稍欠一分，功效即亏欠一分，国与民交承其敝，故不为也。或乃指为高尚为怀，岂可知我哉？"郭崑焘与仲兄崑焘能得到当世如曾国藩、胡林翼及李鸿章这样极为重要的人物推崇，可见其才干出众，要想仕途显达并非难事。但他们不愿追求过多的功名，也许与长兄郭嵩焘前两次被贬黜有很大的关系，加之多年身处湖南官场中心，使他们得以看透官场之险恶、人事之复杂。以他们兄弟率真耿直的本性，勇于任事，只会多方掣肘，"出而随俗，苟且任事，则负初心"。因此对于郭崑焘而言，体弱多病是托辞，退敛之志是实情，太平天国一旦平定，即告退隐。

　　郭崑焘工于诗及古文辞，著述有光绪十年刊本的《萝华山馆遗集》。后人中杰出的有其孙郭德垂（1896—1980），民国时期著名的化学教育家；曾孙郭道晖（1928—　）（德垂子），当代最负盛名的法学家和法治思想家之一。

五

郭嵩焘自驻英、法公使任上引退返湘后不久，季弟崐焘和仲弟崑焘于光绪六年（1880）和光绪八年（1882）先后谢世，郭嵩焘十分悲痛。悲痛之余，他对自家兄弟三人作了一番比较：

> 顾念吾兄弟三人，皆稍能读书求有用之学。吾性卞急，于时多忤。意城（崑焘）稍能通方矣，而怀敛退之心，履贞介之节，终不肯一自试其用。君（崐焘）独以才自喜，乐以其心与力推而致之于人，而亦终身望见仕宦戛戛然去之。其施也不遽，其欲以公之人，终亦阏而不流。情性固然耶？无亦有不达其志而因以自沮耶？当同治之初，天下蒸蒸向治，道固昌矣。君于是时，亦思奋而求效。夫君子之于世，固求有以自达。折冲尊俎与其效命疆场，等耳。不能达而强之政，既从政矣，而固多方遏抑之，使不得达，君子诚惧乎此也。《诗》曰："终其永怀，又窘阴雨。"君惟知之，而终不以一试，其斯可与言《诗》矣乎！

郭嵩焘一方面感叹其两位兄弟的命运，另一方面也是夫子自道。郭氏三兄弟遭逢乱世，又都满腹经纶，极具才华与眼光，本应该都可以成就一番大事业。然兄弟三人都是性情中人，率真笃直，不愿在多方遏抑下蝇营狗苟。崑焘、崐焘二人早将世事洞穿，而嵩焘在多次打击下，用世之心难泯，报国之志未灭，左冲右突后最终还是落寞而终。

郭嵩焘临终前不久曾作《戏书小像》诗两首，诗云：

傲慢疏慵不失真，惟余老态托传神。

流传百代千龄后，定识人间有此人。

世人欲杀定为才，迂拙频遭反噬来。

学问半通官半显，一生怀抱几曾开。

郭嵩焘用两首小诗生动形象地概括了自己的一生，同时也极其自信，对自己的所言所行未盖棺而论定，虽然一生怀抱无从施展，但自己留给世人的那些不合时宜的言论和思想必将证明其属于远见卓识！

（原载《书屋》2016 年第 1 期）

左宗棠与郭嵩焘

——立功与立言

　　左宗棠与郭嵩焘都是出生于湖南湘阴的晚清名臣，但是在他们的桑梓之地，两人的境遇大相径庭。多年前湘阴县城就有一条街道命名为太傅路，县城唯一的市民广场叫左宗棠广场，有一家酒店叫左宗棠大酒店；至于左宗棠故居、左文襄祠更是湘阴县城重要的人文景点。左宗棠在湘阴几乎是家喻户晓，而直到两年前，湘阴县城外扩，一条新的街道才命名为嵩焘路。郭嵩焘身后的寂寞与左宗棠无尽的哀荣其实在他们去世之时早已显现出来。

　　光绪十一年（1885），左宗棠在福州黄华馆行辕钦差任上去世，朝廷接到丧折后立即诏谕天下，追赠太傅，谥号文襄，祀京师昭忠祠、贤良祠，并建专祠于湖南及立功诸省。

　　六年后的光绪十七年（1891），郭嵩焘去世，李鸿章上奏朝廷请宣付国史馆为郭立传并请赐谥号，但都遭拒绝。朝廷上谕再次强调：“郭嵩焘出使外洋，所著书籍，颇滋物议，所请著不准行。”

左与郭的命运反差其实就在于前者成就了赫赫事功，无可争议；而后者的言论却"颇滋物议"，可见郭氏的思想价值不是芸芸众生都能领悟的。

左宗棠一生成就了三大事功，其一为平定太平天国与陕甘回民起义，其二为兴办洋务事业，其三为收复新疆。

左宗棠早年的经历却不那么顺心遂意。左于道光十二年（1832）中举人，之后多次参加会议，屡试不第，曾作乡村塾师谋生。其名山事业的起点在咸丰二年（1852），其时左宗棠已经四十岁了，生命的历程已过大半。这一年太平军围攻长沙，湖北巡抚胡林翼向湖南巡抚张亮基推荐左宗棠做幕僚，帮办军务。开始左宗棠犹疑不决，郭嵩焘极力劝其出山。从入湘抚幕开始，左宗棠只用了十一年时间，就从一个举人而升为总督，先后总督闽浙、陕甘与两江，并封伯爵（后封二等侯）。

左宗棠事功的顶峰在收复新疆。早在同治六年（1867），中亚浩罕国的阿古柏就在沙俄的支持下盘踞新疆，自立为王，自立国号为哲德沙尔国，宣布脱离清廷。沙俄趁机占领了伊犁，英国也虎视眈眈，意图瓜分西北。

光绪元年（1875），清廷展开了著名的"海防"与"塞防"之争，李鸿章在奏疏中言："新疆乃化外之地，茫茫沙漠，赤地千里，土地瘠薄，人烟稀少。乾隆年间平定新疆，倾全国之力，徒然收数千里旷地，增加千百万开支，实在得不偿失。依臣看，新疆不复，与肢体元气无伤。"左宗棠力排众议，提出"缓进速决"的战略，力图收复，得到朝廷的支持。

光绪三年（1877）4月，按左宗棠的军事部署，刘锦棠率大军由乌鲁木齐南下，一举攻克达坂城，导致阿古柏集团内讧，阿古柏本人被部下所杀，南疆回归祖国。左宗棠决计乘胜收复伊犁。沙俄一边通过威胁与讹诈，逼迫清朝使臣崇厚签订《里瓦几亚条约》，一边在伊犁增兵，同时还向远东派出一支由 20 多艘军舰组成的舰队。

面对沙俄的挑衅，左宗棠毫不畏惧，于光绪六年（1880）春拟订了一个三路出击，收复伊犁的计划。5 月底，左宗棠命部下为自己定做了一口棺材，异样出关。全军将士见年近古稀的主帅气概如此豪壮，士气倍增。最终在左宗棠强大的军事后盾支持下，迫使沙俄与清廷代表曾纪泽签订《伊犁条约》，收回部分权益。

左宗棠藉此进入中国历史上伟大的民族英雄的行列。

郭嵩焘也曾汲汲于功名，但不那么顺利。道光十七年（1837）郭中举，这一年他十九岁。第二年第一次参加会议不第，道光二十年（1840）第二次会试名落孙山，道光二十七年（1847）第三次参加会议，终于得中二甲第三十九名，赐进士出身，入翰林院，终于结束了长达十余年的科考生涯，不久母亲、父亲先后去世，不能进京参加翰林院散馆，谋派差职，所以直到太平军围攻湖南之前，郭一直在家乡居丧。

郭嵩焘国内官场生涯基本上与太平军活动的时间相始终。咸丰二年（1852），太平军围攻长沙，郭氏力劝左宗棠、曾国藩出山，之后与曾国藩等筹建湘军，特别是劝曾建水师，可见郭氏亦渴望立功。但正如曾国藩的评价，郭氏为"著述之才而非繁剧之才"，其性情笃挚，敢于任事，一旦踏入官场，则多方掣肘，其政治生涯的三起三落注定了其立功大志的落空。

咸丰八年（1858），郭嵩焘入值南书房，成为天子近臣，九年（1859），咸丰帝命郭赴天津帮办僧格林沁军务，郭提出了许多真知灼见，但与僧意见相左，最终郭、僧分手。北塘溃败之后，僧格林沁说过这样一段话："其初击洋人，人皆歌颂，（郭）独力争以为不可。其后炮石如雨之中，无肯来营者，又独渠一人驰至。见利不趋，见难不避，天下安有此人！吾深愧当时之不能相察也。"这确为肺腑之言。

同年九月，廷朝命郭嵩焘赴山东清查沿海税务，因清廉自守得罪同僚，加上处理不善而受人弹劾，受到连降两级的处分，仍回南书房供值。郭氏受此打击萌生退志，于咸丰十年（1860）请病假回籍。离京之前他为保全左宗棠做了一件好事。原来左宗棠与永州总兵樊燮有隙，樊与湖广总督官文是亲戚，官文奏报咸丰帝谓湖南为劣幕操纵，诏命官文查办此案，倘有不法情事，即将左氏就地正法。这时郭嵩焘与吴县才子潘祖荫同值南书房，郭氏对潘氏说："左君去，湖南无可支持，必至倾覆，东南大局不复可问。"潘氏据此上奏，奏折中有"是国家不可一日无湖南，而湖南不可一日无宗棠也"这句神来之笔，打动了咸丰帝，后左宗棠因祸得福，从此官运亨通。

郭氏从咸丰十年（1860）开始在家乡闲居，直至同治改元（1862）才应李鸿章之荐出任苏松粮道，同治二年（1863），应两广总督毛鸿宾之荐署理广东巡抚。三年抚粤生涯矛盾重重，捉襟见肘，终因左宗棠四次具奏参劾而去职。郭、左从此交恶，以至左氏去世后郭氏仍在挽联中写道"公负我，我不负公"，可见积怨之深。

郭氏之去位，郭、左交恶只是直接原因，还另有深层次的原因，"狡兔死，走狗烹"，平定太平天国后，清廷害怕湘军势力尾大不掉。虽然曾国藩已有所应对，如遣散湘军大部分将士，扶植淮军，但清廷仍要尽可能削弱湘军集团的实力，郭之去职，不过是措施之一罢了。对此曾国藩当时就敏锐地觉察到了。他在致郭嵩焘弟弟郭崑焘的信中说："近日厚（杨岳斌）、霞（刘蓉）、筠（郭嵩焘）、沅（曾国荃）次第去位，而印（刘长佑）复继之。吾乡极盛，固难久耶？思之悚惕。"个中因由，书生气十足的郭嵩焘怎能参透？

郭氏于同治五年（1866）交卸广东巡抚，朝廷曾复授其两淮盐运使之职，虽是降职，却是肥差，但郭氏退隐之心已决，遂乞病开缺回籍。闲居八年，潜心读书著述，执掌城南书院，继续关心洋务事业。

同治十三年（1874），诏命郭嵩焘赴京陛见。郭氏抵京后，恭亲王奕䜣当着他的面在大学士宝鋆和沈桂芬之前称赞他"此人洋务实是精透"。可见朝廷此次重新起用他，是冲他"精透洋务"而来的。光绪元年（1875）正月，慈禧太后召见，二月，得旨简放福建按察使，七月，诏命开缺，并任命为兵部左侍郎、出使英国大臣。

郭氏接到任命后，不顾多方反对，毅然以六旬老病之躯，远赴重洋，出使英法。光绪二年（1876）十月十七日晚，郭氏偕副使刘锡鸿一行从上海登船，十二月初八抵伦敦，任中国首任驻英公使。光绪四年（1878）正月，又兼任驻法国公使。

如同在国内仕途不畅一样，郭氏在出使期间亦是矛盾重重。首先是《使西纪程》的刊刻遭到国内守旧士大夫的猛烈抨击，闹到毁版才收场，其次则是副使刘锡鸿对郭氏的参劾。

光绪五年（1879），郭氏离开伦敦取道法国东归，驻节英、法两年整。郭氏回国后决计引退，在家乡赋闲十二年，直到光绪十七年（1891）病逝于长沙。

纵观左宗棠与郭嵩焘的人生轨道，左氏早岁蹉跎，四十岁才开始发迹，之后却飞黄腾达，封侯拜相，成就了非凡事功。而郭嵩焘尽管不到三十就已得中进士，然而一生仕途坎坷，毁誉参半，到其晚年还得了个"汉奸"的骂名。

古人有"立德、立功、立言"为三不朽之说，唐人孔颖达对三者分别作了界定："立德，谓创制垂法，博施众济；立功谓拯危救难，功济于时；立言，谓言得其要，理足可传。"冯友兰谈及三不朽时说："人生所能有的成就有三：学问、事功、道德，即古人所谓立言、立功、立德。而所以成功的要素亦有三：才、命、力，即天资、命运、努力。"伟大事功的成就需要把握时代所赋予的机遇，左宗棠之成就正是得益于时代的风云际会，正如郭嵩焘挽左宗棠的联语所云"世需才，才亦需世"，左宗棠无愧于那个时代。

"立言"，也即为那个时代提出振聋发聩的真知灼见，更需要大智慧，大勇气。郭氏为"著述之才而非繁剧之才"，曾国藩确有识人之明，因之，郭氏终为一个求真而不迎合于流俗的文人，正是这一内在的因素使他具有开放的心态和高远的识见。郭氏思想的超前性与中国传统文化机制的保守性的要求必然发生冲突，"古来圣贤皆寂寞"，每一个思想的先行者都是在历史的行进中拖着一条孤独的影子踽踽独行。

郭氏既为洋务派，承认洋人有高明之处，诸多新政措施出自其倡议，顽固守旧之辈自然对其诽谤有加，处处作梗。同时郭氏的洋务见识又远在曾、左、李诸人之上，认为西洋技艺强盛之根本在政教、人心和风俗，出使之后甚至提出了"君民兼主国政"的思想，实为维新派之先声，这些言论自然为洋务派所不容。特别是郭氏反对轻言战事的外交思想更为世人所非议，直至他去世近百年后，仍有人批之为投降派、"汉奸"。"弱国无外交"，这是世人的共识，其实正是弱国才更需要外交，郭氏依其理势观认为国家落后才更需要保持稳定的外部环境，学习西方，富国强兵，因此反对用战争来解决争端。正因为郭氏的识见远高于流俗，所以才有多方的群起而攻之，正如严复在挽郭氏的联语中所云"惟公负独醒之累，在昔蛾眉谣诼，离忧岂仅屈灵均"，这是时代的悲哀，是"立言"的智者与勇者的悲哀。

当今，郭嵩焘的价值在学术界、思想界得到广泛的认识。近三十年来关于郭嵩焘的研究已经成为学术界的一个热点，相关的论文、专著不计其数，特别是近年岳麓书社出版了《郭嵩焘全集》，计800余万言，为进一步研究郭嵩焘提供了丰富的资料，郭的价值必将真实地立于世人面前。

"流传百代千龄后，定识人间有此人！"这句郭嵩焘临终前自题像诗，是一个为世立言的智者的自信。

（原载《书屋》2015 年第 3 期）

补记：本文写作于 2014 年，当时湘阴对郭嵩焘还不十分重视，但近几年情况发生了很大的变化。湘阴县不但修建了郭嵩焘纪念馆和郭嵩焘文化广场，还在 2018 年成功举办郭嵩焘学术研讨会，本人有幸受邀参加。

郭嵩焘在第二次鸦片战争期间

进京任职

1856 年 10 月，英法联军发动了第二次鸦片战争。

这年正值咸丰六年，太平天国起事已经五年. 郭嵩焘在帮办曾国藩军务，主管筹饷事宜四年后，于咸丰六年八月二十三日（1856 年 9 月 21 日）回到湘阴老家。第二年五月接朝廷谕令，命其赴京任职翰林院编修。一直磨蹭到十一月，他才离湘，取道河南开封北上，于十二月十八日到达北京，此时已是西历 1858 年 2 月 1 日了。

翰林院编修无定额，并无繁重的实际工作，每日有足够的时间读书治学，访友聚谈。京师士大夫很多，交往者中亦有不少达官贵人，招饮邀宴几乎日日有之。郭氏在京师应酬交往之中，很容易看到败坏的社会风气。在三月十一日复曾国藩的信中，他说："京师气象凋耗，而相与掩饰为欢，酒食宴会，转胜往时。"
他刚从与太平军作战的前线至京，思及内忧外患，对都中上下恬
嬉之风难以接受，更难以理解处此极大变动之时代，士大夫大多
颟顸成习，对洋务茫然无知，徒唱高调。他说："京师浮言最甚。
然浮言之起，由士大夫之无识。"身处衰乱末世，郭嵩焘不免向
往康乾盛世，以至于曾三次梦见康熙皇帝，自谓"思慕所结，通
之梦寐，自信非偶然也"。显然在向往像康熙那样的圣明君主，
以满足他心中国家励精图治、振衰起弊的愿望。

三次陛见

到七月十五日，当了半年多悠闲的翰林院编修后，郭嵩焘被
告知已得大学士翁心存（翁同龢之父）之保荐，或可入直南书
房，成为皇帝之近臣。同时被保荐的另有四人，且须赴圆明园应
试，试题为一赋一诗。试毕几日后，再入圆明园，陛见咸丰皇
帝。此次陛见，皇帝最感兴趣的是郭氏于湖北、江西之军事经
历，并问及曾国藩、江忠源、罗泽南诸人而并未问及外夷之问
题。此次应试及陛见后，郭氏并没有能入直南书房。

至十一月底，与权臣肃顺关系密切的兵部尚书陈孚恩举荐郭
嵩焘，皇帝预备于十二月初二日在养心殿召见。他准备大展抱
负，陈述自己深思熟虑的见解，但陈孚恩事先告诫他与皇帝说话
时须小心谨慎。因而此次陛见郭氏仍只是泛泛论及讲求吏治为

本，至于其注意到夷船在天津海面的活动只字不提，更谈不上细说他对洋务的一贯看法。

但此次陛见后之当天，即有圣旨，命郭嵩焘在南书房行走。

第二天一早，郭嵩焘即到乾清门外去递谢恩折，第三次于养心殿面见皇帝。皇帝告诉他来南书房行走，不必再办笔墨（文字秘书），将来仍要他出办军务。皇帝居然对他说："文章小技，能与不能，无足轻重，实事却要紧！"俨然经世派的口吻。皇帝要郭氏常与僧格林沁谈军务，并说郭氏不是协助僧格林沁而是与他平行。在南书房供职不到两个月，郭嵩焘即随同僧格林沁到达天津，帮办其军务。

协防天津

咸丰八年（1858）是清政府内忧外患非常严重的一年，南方与太平军作战多有失利，如三河镇大败，损兵折将；沿海列强步步进逼，威胁津沽。咸丰八年四月，英法进攻大沽口，直逼天津。清廷遣僧格林沁视师通州，又派大学士桂良等议和，签订《天津条约》。清廷虽签约妥协，但心有不甘，而士大夫群情激愤，清廷遂举棋不定，剿抚两难。郭来京之前对夷情早有了解，极力反战，认为单纯靠战，"战无了局"，惟有尽量了解洋人，以理与诚相折冲，以求和平共存才是上策。因而居京之一年，郭氏对不切实际的高调言论，极为反感。在往天津前线的前夕，郭嵩焘向咸丰帝奏陈他办理海防及夷务的看法。他明确指出，夷人宜抚不宜剿，因"夷船沿海侵扰，所驾火轮日行数千里"，速度迅捷，"当筹数十年守御之计，非务防堵一时。"至于海防，以中国之物力一时难以拥有夷人之坚船利炮，只有尽快建立内江水师，建造内河战船，"足以扼海口之冲，而补陆军之不及。"同日他又上一折，强调欲制御远夷，"必务疏通其情"，要通其情，必"熟悉其语言文字"。此议实开后来设京师同文馆之先声。

接着他又上一疏，直指当前政局之最大忧虑，乃"上下之情太隔，名实之数太淆，欺罔之风成为积习"。朝廷所依赖之军机大臣大多"无兼营之智，而多贻误之举也"，"于是相与囫囵迁就，以为和衷"。而内乱遍地实由于"吏治隳坏"，此为祸乱之源。他希望皇帝振兴于上，求"自强之术"，去耳目之蔽，除长年之积习。

咸丰皇帝看此奏疏，似有所触动，特于郭氏赴津前两日召见他。

天津防务的主帅是僧格林沁，其一心主战，但朝廷有心求和，所以不仅续了条约，且允许进京换约，但既对夷人不信任又惧怕夷人，遂成和战不定的局面。

二月初一日，郭嵩焘向僧格林沁幕僚们明确提出，是战是和必须定夺。一旦开战，要想到不幸战败后如何收拾，如何作长久之计，要有一个定案请朝廷批准施行。但朝廷走一步看一步，举棋不定。

三月初八日，怡亲王载垣到达天津双港营地，郭氏陪同僧王跪安觐见后，始知上海谈判已经结束，朝廷已经接受了英法入京换约之事，实际上接受了主和之事实。但怡亲王命令僧格林沁，假如夷人不守规矩，仍可悄悄击之，只说是乡勇所为。此番言论最见清廷对夷人的不信任，以及不敢担当的作为。郭氏听后大不以为然，回答说"凡事须名正言顺，须缓缓商之"，实为委婉拒绝载垣。载垣的反应是"愦愦可笑"。证诸后来英、法以清廷不守信用，拒绝再谈而长驱直捣京师，益见郭氏之远见卓识。

鉴于此时，清廷已允许夷人入京换约的事实，一贯主战的僧格林沁乃极力交涉，要求夷人由北塘入口，绕道天津，再由水路由通州入京。"因大沽海口布置均已周密"，"不可令其窥伺"。此自有理，美国公使华约翰即遵此路线入京，但英国人不肯绕道，坚持由大沽入口，不听照会，开炮相击，并派步兵登陆。英军统帅布鲁士没想到大沽工事已大大增强，僧王下令开炮还击，英舰四沉六伤，仅一艘逃出，登岸英兵数百人亦被僧王骑兵击杀，并生擒二人，清军亦有伤亡，但此为中外交战以来一次罕见之大捷。

一战而胜后，清廷上下难掩兴奋之情，尤其是僧格林沁日益骄横，唯独郭嵩焘忧多于喜，他认定此捷必遭夷人报复，"战无了局"。此后郭氏与僧格林沁在战略战术方面发生严重分歧，双方嫌隙已生。幸而不久郭嵩焘奉诏命离开天津，前往山东诸海口查办正杂厘税诸事，从此郭氏与僧王分道扬镳。

巡视山东

咸丰九年（1859）九月，郭嵩焘取道陆路南下，进入山东境内。他是奉旨办事，号称钦差，却不惊动州县，也不常住公馆，此乃当时官场绝无仅有之举。

十月，郭嵩焘一行至烟台港。他约见地方官及地方士绅，考察实况，清查账簿，定下"税务章程"，目的在于"祛官商网利"，以便增加国家税银。十月十三日至荣成港，又探得"税局各种陋规"，但当他查询时，官员皆匿不肯言。第二天他即发出两道告示，一为晓谕添设厘局，二饬商民捐领牙帖，并于十月十五日正式开设厘局。

他自荣成西往，到达宁海州。宁海濒海，港深水阔，当为良港，但地方官都隐瞒税收实情不报。

从宁海东往威海，山路险远，地亦荒僻，到达威海城时，文武各官慑于钦差之名，一一出迎。文登县令许子孺向郭嵩焘报告这一带以渔业为主，每船运万斤以上则课税十两，次则从闽粤运至的豆饼杂粮等南货并不课税。威海乃天然良港，他亲见港口内大小船一百之多，其中还有四艘颇为壮观的洋船，所以郭氏对县令之言当然不信。

郭嵩焘从文登复返荣成，荣成位于山东半岛伸入黄海的末端，三面环海，港口甚多，他一一视察，检点船只与店铺，查阅税务账簿。他亲见荣成巨富王氏庄园"围墙绵亘，一望无极"。十月二十三日，他又改途回文登，见文登县城既坚厚又高峻，规模亦甚整齐。之后风尘仆仆西行至海阳县，县令告诉郭嵩焘，南方来的船只，交易完毕抽税多有陋规。每船县衙门得二两，千总得二两，捕厅得一两，行店得一两，书办得五钱，门丁得五钱，其余海差等约得一两。除此以外，尚有别种陋规。他在烟台尚不知有此种种陋规，经亲至各海口察看了解，始有此发现，而心生破此陋规之念。

之后郭氏继续向西南行，至青岛、即墨、高密诸城、日照等处考察。他发现诸城、日照两县每年都上报豆饼税，而其他货物都系私征，并不上报，又发现日照县令隐瞒各项规费。

此次山东之行，郭嵩焘历时两月，遍访各海口，估计出每年被侵吞的税银大约有两百余万两。

十一月十三日，郭氏从诸城启程，北上安丘，见到了本应为郭氏副手但没与他随行的李湘棻。李氏是僧格林沁的心腹，名为协办，实为监督。而正在此时，郭嵩焘委派士绅在烟台等地设厘局抽厘一事发生风波，而鼓动风潮之人，正是不肯与郭氏同行的李湘棻。李氏上报僧格林沁，以郭氏擅行开厘局奏参弹劾。之后坏消息接踵而至：先是接到僧格林沁一函，站在李湘棻一边指责郭氏；后来在济南与山东巡抚文煜谈，文煜传达了僧王对郭氏的极不谅解，而其他人都见风使舵，落井下石。郭氏始知外间实诚办事之难，并增添对国事之忧。

十二月十日，上谕到达济南，由于僧格林沁的参劾，郭氏被交部议处。此为郭氏竭力办事的第一次重大挫折。

郭嵩焘后来才明白，僧王为何构陷他，原来郭协办天津防务之时，与僧王意见相左，早就得罪于他。而僧王正因胜而骄，因胜而名重于世，郭氏遭此参劾，自难辩解。他规划山东全局的计划自然成为泡影，而且还殃及无辜。他在山东专心访求的有声望、有才干的士绅横遭查办之祸，他的会试同年萧铭卣甚至在烟台风潮中被殴致死。

辞官南归

收到诏命议处后，郭嵩焘立即离开济南返京。十二月十四日动身，二十四日到达卢沟桥，题五律一首：

> 劳劳八年事，未敢问行藏。
>
> 荒岁冬无雪，寒天夜有霜。
>
> 道孤妨世隘，心短觉途长。
>
> 浩劫干戈满，驰驱益自伤。

落寞之情溢于言表。不过回京之后第二天即蒙咸丰帝召见，皇帝显然宽宥了他，并有意为其开脱，但形式上仍须惩戒，遭降二级调用，仍在南书房行走。

至年底，郭嵩焘受到多种御赏，更蒙"赏加一级之恩"。他仍是皇帝身边的红人，扈从左右，恩眷并未稍衰。如他愿意做官，依然前程似锦，然而此时他竟生退隐之意。

咸丰十年三月十七日（1860 年 4 月 7 日），郭嵩焘具折请病假回籍，并于日记中说"怀此久矣"。咸丰皇帝对此颇为疑惑，还特别去军机处询问郭之病状。此时乞归，对郭氏也全无好处，好友曾国藩就对此颇不以为然。但郭氏去意已决，无非痛感居庙堂之上难以有所作为。他在致曾国藩信中说："审知吾道之必不可行也，而遂浩然以归。"又在复胡林翼信中说："得志则以实心实政，求俾益毫末；不得志则卷怀以退，无所顾计。"

咸丰十年四月十二日（1860 年 6 月 1 日），郭嵩焘动身南归，六月二十四日（8 月 10 日），返抵湘阴。虽无官一身轻，但仍关注国事民谟，并常与曾国藩、胡林翼、左宗棠保持书信联系。他的心情或可见于这首作于七月份的七律：

> 一介无人下赵佗，守边空忆大风歌。
>
> 还家江令文章贱，忧国袁宏泣泪多。
>
> 芍药春栏温室树，芙蓉秋雨液池波。
>
> 微才多病甘归隐，愿睹唐虞酿太和。

伤己、感时、忧国之心体现无遗。

居家一年，国家危难之坏消息不断传来。

八月初四日（9 月 18 日），得知津沽失陷的消息，他在日记中写道："小臣昨岁之言，至今日微验，为之怃然。"他当时尚不知，就在八月初四这天，僧格林沁败于通州，京师震动。八月初八日，咸丰帝仓皇北逃热河，郭至九月初四才听闻。

九月二十八日，获悉京城失陷之消息，一方面"痛悼不已"，另一方面深具"不幸而言中"的遗憾，恨僧格林沁不听他的劝告，一意孤行，认为"杀（僧王）不足以蔽辜矣"。但他进而就认为问题的根本不在僧王，而在于朝廷上下不识夷务，不通古今之大局，士大夫大都沿袭南宋以来空谈虚骄之风气，不考求实际，不能真正面对问题，解决问题。他说："夷人之变，为旷古所未有。其祸成于僧邸而实士大夫议论迫之然也。"

事实证明郭嵩焘的远见卓识，当时之世，难有第二人。后来郭嵩焘听说僧王惨败之后曾想到郭嵩焘力争之言，追悔不已，但为时已晚。

返乡之后种种消息更促使郭嵩焘对国家的前途命运进行深刻反思。他痛感朝廷上下全不知"国体、事要、商情、地势"。他直斥自第一次鸦片战争以来办理夷务者一直乖谬无方，他称琦善、耆英、叶名琛、僧格林沁为办理夷务的"四凶"。即使对于林则徐，郭嵩焘认为其心术尚正，不目之为凶，但仍昧于理势，贻误事机。他在日记中写下了一段令今人看来仍能振聋发聩的话：

> 吾尝谓中国之于夷人，可以明目张胆与之划定章程，而中国一味怕。夷人断不可欺，而中国一味诈。中国尽多事，夷人尽强，一切以理自处，杜其横逆之萌，而不可稍撄其怒，而中国一味蛮。彼有情可以揣度，有理可以制伏，而中国一味蠢。真乃无可如何！夷患至今已成，无论中国所以处之何如，总之为祸而已！

因愚蠢而行蛮，行蛮不成则使诈，使诈失败则跪地求和，以致形成难以挽救的夷祸。郭嵩焘对于时局痛心疾首，但他又洞若观火，把问题的根本都揭示了出来。问题是病入膏肓的大清王朝又有几人能识郭嵩焘的价值？此次进京任职可以说是郭嵩焘生平遭遇到的第一次重大挫折，但他的人生中注定还有更多的挫败在等待他，一如这个注定挫败的时代。

（原载《书屋》2021 年第 3 期）

平生蒙国士之知

——郭嵩焘对严复的知遇之恩

郭嵩焘（1818—1891）比严复（1854—1921）年长三十六岁，一个是官居二品的驻英法公使，一个是刚出国的留学生，身份殊异，却成了忘年之交。

光绪十七年（1891），郭嵩焘去世，严复闻之不胜伤感悲怆，曾写挽诗四首，可惜四诗均佚。但他挽郭氏之联流传甚广：

平生蒙国士之知，而今鹤翅氅氅，激赏深惭羊叔子；

惟公负独醒之累，在昔蛾眉谣诼，离忧岂仅屈灵均？

上联谓郭嵩焘曾以西晋羊祜（叔子）这样经文纬武的宰辅之才（"国士"）期许作者，但回顾前尘往事深感惭愧；下联为郭氏之冤屈鸣不平，以郭氏比拟屈原，对当时骂郭氏为汉奸之人不异当头棒喝。两人的高谊隆情亦浓缩于这短短的联语之中。

这种超越年龄、身份的忘年之交要从他们在伦敦与巴黎一年余的交往谈起。

郭嵩焘于光绪二年十二月八日（1877 年 1 月 21 日）抵达英

国，四个月后（5 月 13 日）中国海军留学生抵达伦敦，中有严复、萨镇冰等十二人。第二天，郭氏即照会英国外相，请求其对中国海军留学生在学习、生活上予以照顾。

至于严复引起郭氏的特别注意乃在第二年春节（1878 年 2 月 2 日），时严复携萨镇冰、方伯谦等一起六名同学来使馆拜年，郭氏询问其学习情况甚详，他在当天的日记中详细地记录了会谈的情景。

严复谈及在格林威治海军学院学习时，教官要求学员用锄锹之类垒筑战壕，一小时之内教官已经完成，他国学员完成及半，而中国学员工程最少且已然精力衰竭。郭氏颇为赞赏严之见微知著，见识不凡。接着严复又大胆评论郭氏之老友张自牧所著《瀛海论》，指驳书中四处谬误：铁路非中国宜造之谬；机器不宜代人力之谬；舟车机器之利必转薄而废之谬；中国有各国互制海防非急之谬。郭氏虽为老友所著有所解释，但并不以其为忤，实际上是赞许严复的观点。更让郭氏对严复刮目相看的是，严复非常敏锐地批评那些根本不在乎彼时西洋文明的人，或以为西洋文明中国古已有之而西学实源自中国之人。严复之议论颇得郭心，所以他在日记中评论："其（严复）言多可听者"；又说与"严又陵（严复字又陵）谈最畅"。在日记中提及这位可作孙辈的青年时，以字称而不直呼其名。

两个月后的三月初七日是郭嵩焘虚岁六十一岁生日，严复与格林威治海军学院的其他中国同学来使馆为郭氏祝寿，郭氏留其吃面，席间严复又纵横议论，大谈近代西方科学。

第二天郭嵩焘在日记中把头天严复之言作了详细记载。严复说："中国切要之事有三：一曰除忌讳，二曰便人情，三曰专趋向。"郭氏认为所言极对，而这也是他本人"生平所守"之义，但自己却"犯一时之大忌"。郭氏感慨之余，不免更加感觉到这位年轻人与自己精神的契合。

三月底，郭氏应严复之请，带领留学生监督李凤苞及使馆工作人员等七人往访格林威治海军学院。第一站即到严复等的寓所，严复及其他十一人都迎候于途次，稍坐之后，他们同去参观学院。学院院长及总教习都是郭之旧识，院长亲自陪同参观，参观结束时拜会了中国留学生的教师。

郭嵩焘返回伦敦使馆后追记格林威治之行，于日记中一再提到严复，对严复所言"西洋学术之精深，而苦穷年莫能殚其业"印象十分深刻。严复还谈到牛顿及其地球引力说，严复认为"格物致知之学，寻常日用皆寓至理，深求其故，而知其用之无穷，其微妙处不可端倪，而其理实共喻也"。郭氏对这一番话尤其激赏不已。

郭、严之交往自此次访问之后尤其密切。严复及其他留学生的读书心得体会常由李凤苞转呈郭嵩焘阅读，郭氏不但阅读，而且以日记的形式记录在案。

三月二十五日（1878 年 4 月 27 日），郭嵩焘自伦敦前往巴黎，四月初五日向法国总统麦克马洪递交国书。六月初二日，李凤苞也带领严复等五人来巴黎。第二天，郭氏请严复等人晚餐。六月初九日，严复往访郭氏，带着《修路汽机图说》一书，向郭氏介绍西洋诸国所筑公路、铁路等，大谈近代交通事业的重要性，给郭氏留下了深刻印象。就在一年前他得知沈葆桢拆除吴淞铁路之际，深为中国近代化事业感到悲观。而此时得见年轻的严复如此卓尔不群，欣喜之余，当然更令他对严复青眼相加。

三日后，严复又来访，郭氏激赏严复所言"西洋事事有条理"之说。不久，严复致信郭嵩焘，郭氏读后，于日记中有"又陵才分，吾甚爱之"的评论，但又感到严复性格气性颇类自己，念平生负气太盛多有挫折，颇担心这位年青才俊蹈其覆辙。

六月十九日（1878 年 7 月 18 日），郭氏前往参观法国天文台，严复作陪。二十七日，严复又见郭氏，谈矿物。第二天为光绪帝生日，郭氏在法使馆行礼庆祝，并率严复等随从参观凡尔赛宫。二十九日，郭氏率使馆工作人员返回伦敦，严复等也随同返英。

回伦敦两月后的重阳节，郭氏邀集华洋共十三人前往伦敦西南泰晤士河右岸的里斯满登高览胜，其中又有严复。如是在英国、法国的两年时间，郭氏与严复的直接交往十分频繁，对严复的言行郭都以日记记之。

光绪四年（1878）十一月，郭氏在"严旨训诫"之后即将回国。有人问及在英、法两国的中国留学生的学习及回国志愿的情况，郭氏回答说严复才堪大用，不应当只局限于管带一舰。所以他特别照会格林威治海军学院，严复不必上舰实习，而应留在学院继续攻读。在郭氏看来，严复不应只是良将，而应成为良相，成为国之柱石。由于严复继续留校研读，故而得以学习亚当·斯密、孟德斯鸠、卢梭、边沁、穆勒、达尔文等人的著作，为他日后为国内译介这些著作打下基础。

光绪五年春节（1879 年 1 月 22 日），郭嵩焘即将结束公使任期返国，当晚设宴邀请九名外国友人，唯一中国客人即严复。宴会时英国客人罗伯逊起立讲话，盛赞即将离任的郭公使；郭氏作简短的答谢，由马格里口译。事后郭氏问马格里口译准确与否，严说译语并不能完全达意，而使馆中的两位中国翻译却不能辨别，由是郭氏更加看重严复。

不久，郭氏即与继任公使曾纪泽办理完交接手续，黯然回国。四个月后，严复也离开格林威治启程返国。

在余下的几个月里，留学生严复亦与新任公使多有接触，但似乎曾纪泽对严复却并不怎么感兴趣，甚至产生抵悟。光绪五年三月十三日，曾纪泽日记有云：

> 辰正二刻起。茶食后，核改答肄业生严宗光（严复原名）一函，甚长。宗光才质甚美，颖悟好学，论事有识，然以郭筠仙丈褒奖太过，颇长其狂傲矜张之气。近呈其所作文三篇，曰《钮顿传》、曰《论法》、曰《与人书》，于中华文字未甚通顺，而自负颇甚，余故抉其庇弊而戒励之，爱其禀赋之美，欲玉之于成也。

此段所记，看似冠冕堂皇，而对严实含妒意。如声称严复"于中华文字未甚通顺"即将严复完全抹黑，与文中"才质甚美""禀赋之美"自相矛盾。

当年六月，郭嵩焘在长沙见到曾纪泽日记一本，正好见到上文中这段批评他对严复褒扬太过的评语。郭嵩焘感慨万千，写道："又陵于西学已有窥寻，文笔亦跌宕，其才气横出一世，无甚可意者。劼刚（曾纪泽之字）乃谓其文理尚未昭晰，而谓其狂态由鄙人过为奖誉而成之。岂知其早下视李丹崖（凤苞）一辈人，非鄙人之所导扬之也。"可见郭氏对曾之于严复之评语颇不以为然。

年少负气而狂，与当时中国官场颟顸无能、唯唯诺诺的习气形成鲜明对照的严复自然对曾纪泽亦无好感。他与信给郭嵩焘，直言曾纪泽"门第意气太重，天分亦不高"。对于中西时事的议论"喜为轻藐鄙夷之论，去事理甚远"。同年十月十五日，郭氏又接到严复信，批评曾氏"天分极低，又复偷懦惮事，于使事模棱而已，无裨益"。郭氏认为严复所言切中要害。郭氏与曾纪泽关系亲密，郭氏为曾氏之父执，一向也器重曾氏，但对曾氏不偏私，而对严复的激赏之情却一以贯之。在他看来，严复的才学实非曾纪泽可以比拟。

郭、严之互重与曾、严之相互抵牾恰成鲜明对比。从中亦可知郭氏之识人之明亦远超曾纪泽之上。至于严复之负气而狂，使之在中国官场之中难展才华亦早在郭嵩焘意料之中。好在严复亦有自知之明，自知官场必不顺利。回国之后的严复，先在母校福州船政学堂教书，后往天津充水师营务。光绪十五年（1889），任天津水师学堂总教习，保举知府衔。

严复曾言："当今做官，须得内有门马，外有交游，又须钱钞应酬，广通声气，兄则三者无一焉，何怪仕宦之不达乎？"虽官场难以显达，但他却成为了中国近代伟大的启蒙思想家。他翻译的《天演论》《原富》《法意》《群己权界论》等影响了几代中国人。特别是他关于变法维新的主张与郭嵩焘前后呼应，如他在《论世变之亟》一文中，指出道咸以降西学东渐下所开的通商新局已无法阻止，只有面对。此即"郭侍郎《罪言》所谓天地气机，一发不可复遏。士大夫自怙其私，求抑遏天地已发之机，未有能胜者也"。他又在《原强》一文中提倡"鼓民力、开民智、新民德"。郭嵩焘曾说："凡为富强，必有其本。人心风俗政教之积，其本也。"而要兴风俗、政教，就必须振兴民德。严复的认识可谓与郭嵩焘声气相投，郭氏有知，当含笑矣。

郭嵩焘的哲学思想

郭嵩焘之所以与曾国藩、左宗棠及李鸿章等表现出很大的不同，细究起来与其哲学思想有一定的渊源。本文试从两个方面探讨郭氏的哲学思想。

一、出使前对中国传统哲学中某些范畴的质疑与新见解

1.“实”与“虚”

郭嵩焘十分反感当时社会上、官场上人们思想观念的一种普遍现象，即所谓“亡而为泰，圣贤之所戒也。”他认为人们应当摒弃这种唯心的思想，而应做到“事求其是，语求其实。吾辈无能胜人，求勿欺人而已……欺人者，自欺者也，人岂能为所诬哉？”

咸丰九年（1859），咸丰帝在养心殿第二次召见郭嵩焘，询问“求治”的办法，郭氏直言不讳地提出“事事要考求一个实际，方有把握，故以通下情为急”。他指出干任何事情都应该从实际出发，注意调查研究，同时也尖锐地批评了那些高高在上

"动曰出主意，求人才"的士大夫，建议朝廷"认真一段工夫，破除积习，切实做去"。

2."知"与"行"

首先，郭氏扩大了传统"知""行"观的范围，不只局限于朱熹、王守仁等关于封建伦理的践履与认识上，而且"知"还体现在"民间疾苦""官吏贤否""兵家胜败""朝政得失"等诸多方面，而"行"则体现在"喜怒哀乐万有之境"。

其次，郭氏对王守仁"知行合一"理论大胆质疑，指出其是"乱道之言"，并对"知""行"关系作出了合乎唯物主义的解释。郭氏指出，王阳明"知行合一"学说的本质是"以知为行，而行废矣，而知亦未为得矣"，即使能有"知"，那也只是主观的，是"一端之闻见，私心之拟议"，而"固非真知也"；或者在今天看来是"真知"，但"异日有背焉者也"，随着时间的推移，都经不起实践的检验。那么怎样才能获得真"知"呢？他指出只有"正其本"，才能"万事理"，即只有经过身体力行，才能考究到事物的基本规律，才能获得真"知"。

郭氏的"知""行"观，实际上是对前一个关于"实"与"虚"范畴的延伸，对他其他思想的形成有较大的影响。

3."本"与"末"

"本"与"末"是郭氏哲学思想中一个十分重要的范畴。他的基本观点是干任何事情，都必须"先明本末之序"，用今天的话来说就是要抓主要矛盾和矛盾的主要方面。郭氏在其日记、书信、诗文及奏稿中多次提到"本"与"末"。如给沈葆桢的信中责难当时的洋务派"窃谓今时办理洋务，一曰求制胜之术，其大原大本处不敢遽言也"；在给李鸿章的信中也说，"凡我为知洋务者，……无通知其本末者。"光绪元年（1875），郭氏上《条议海防事宜》疏，对其本末观进行了精辟的阐述。他说，中国要富强，"政教之及人本也，防边末也"。关于防边，又有其本末，"如练兵、制器、造船、理财，数者皆末也；至言其本，则用人而已矣"。这样，他把洋务派十余年来孜孜以求的"坚船利炮"看作是"自强"的"末中之末"，而把"循习西洋政教"看作是"自强"的"本中之本"，这实际上是后来早期维新派的基本命题。

4. "时"与"理"

郭氏在很多场下都指出"时"是变化发展的，干任何事情都不能"失时"。"时宜劳而逸之，时宜逸而劳之，时宜缓而急之，时宜急而缓之，皆谓之失时。"虽然"时"是变化发展的，但又是有规律可循的（即所谓"常之理"），干任何事情，要想抓住机遇，把握时机，则应"从其变之数以治其末而匡救之"，"审其常之理以探其本而厘正之"。"探本"而"治末"，才不至于"失时"。

5. "渐"与"急"

这实际上是郭氏的量变、质变观。郭氏认为，对于一个身体虚弱的人，只能"疏通百脉之气，宣导六腑之滞，使其神日舒而力亦日有增长，自可渐进于强"；如果给一个病人马上施以猛药，只会适得其反。同样的道理，对于一个弱小的国家，亦只能"成于渐而起于身微"，不可能"骤至富强"。因此，郭氏的基本观点是：不论干日常小事，还是"经世纬国"的大事，都应注意量的积累。具体到当时的洋务运动，则不能靠一天两天制一个铁甲船就能与"擅强数十百年之术"的西洋诸国抗衡，而应"当先究其国政、军政之得失，商情之利弊，而后可以师其用兵制器之方，以求积渐之功"，而"断无一蹴而臻强盛之理"。

二、出使期间对西方哲学思想的研究与介绍

初步了解和研究古希腊哲学，力图寻找西学的源头。郭氏到达欧洲后，一方面尽使臣之责，一方面潜心考察西方文化，涉猎范围十分广泛，包括政教、风俗、刑狱、课税、礼仪、科技、教育、卫生、文化、工业、交通、农业、商业、军队建设以及兵器生产等各个方面。为了弄清西方文化的渊源，他分别对犹太、古巴比伦、亚述利亚、埃及、古希腊、罗马等的历史文化进行考察，于光绪五年（1879）二月十六日，用了近万言的文字对其进行叙述，其中特别引人注目的是对古希腊哲学的介绍。在这段文字里，郭氏介绍了泰勒斯、毕达哥拉斯、苏格拉底、柏拉图、亚里士多德、安提西尼、第欧根尼以及伊壁鸠鲁等的思想，现不避啰嗦，摘录如下："有退夫子（泰勒斯）……言天地万物从水火出来。有毕夫子（毕达哥拉斯）尤精音乐、天文，论行星转运远近、大小、快慢，有一定声音节奏。有琐夫子名琐格底（苏格拉底）爱真实、恶虚妄，言学问是教人有聪明、德行、福气，作有用之事，教别人得益处。有巴夫子（柏拉图）言凡物有不得自由之势……。巴夫子有一学生，为亚力山太（亚里士多德）先生，名亚夫子……言天地万物原来的动机就是神，这个动机不能自立，有一个自然之势，教他不得不然……耶苏前四百二十年，有安夫子（安提西尼）言福气不在加在减，常减除心里所

要的，就是德行；所以常轻视学问知识、荣华富贵。其学生杜知尼（第欧根尼）名尤著，常住木筒中，……其后又有以夫子（伊壁鸠鲁），言天地万物是从无数原质配合起来，自然成了所有的诸形。——近世格致家言，希腊皆前有之。——希腊学问从亚力克山太以后传播天下，泰西学问皆根源于此。"这段文字虽然简约，涵盖面却十分广泛，表达也较为准确得体，不啻是一部古希腊哲学的简史。

为弄清西方"实学"（科学）的哲学渊源，郭氏也接触了近代西欧的哲学思想，特别是对笛卡尔、莱布尼兹的思想进行了较为详细的研究与介绍，这在出使期间的日记里多有记载。如他叙述笛卡尔的哲学与近代自然科学的关系："其言以为古人所言无可信者，当自信吾目之所及见，然后信之；当自信吾手足所涉历扪摩，然后信之。即自信吾目矣，乃于目所不及见，以理推测之，使之所见同；既自信吾手足矣，乃于手足所未循习者，以理推测之，使与所循习同。于是英人纽敦（牛顿）因其言悟动学（力学）；意大利人嘎里赖（哥白尼）因其言语天文……"

在接触西方哲学的同时，郭氏也对中西伦理范畴进行了比较，特别是着重比较了儒、道、释、墨与西方基督教精神的区别。他指出儒、道、释、墨四者表面上看不一样，但实质却是相通的，其基本精神都是"专于自守"，是内向的、保守的，而以基督教精神为主体的西方却是外向的、进取的。这里，郭氏也非敏感地认识到西方伦理范畴的局限性以及中国历史文化背景与之相比的差异，因此"中国不足为师道，"即使如此，与之相比较，中国封建专制主义伦理的理论依据仍然大为逊色。

郭氏在欧洲的时间十分短暂，而其研究重点则在西方的经济理论与政治制度上，因此对西方哲学的研究与介绍不可能十分深入和全面。但是从"西学东渐"的历史来看，当同时代的中国人仅仅着眼于西方的"坚船利炮"的时候，郭嵩焘对西方哲学、西方文化的研究与介绍更显得弥足珍贵。

湘军名将李续宾：悍将亦儒将

　　李续宾（1818—1858），字如九、克惠，号迪庵，贡生出身，湖南湘乡（今湖南涟源市杨市镇）人，晚清湘军著名将领。咸丰二年（1852），协助其师罗泽南（罗山先生）办团练，次年随罗泽南出省作战，增援被太平军围困的南昌。咸丰四年（1854），在湘军攻克湖南岳州（今岳阳）、湖北武昌、田家镇（今武穴西北）等重要作战中，常当前锋、打硬仗，以功升知府。次年一月，随罗泽南南下，连占弋阳府、广信府（今上饶）、德兴、义宁府等府县。十二月，随罗泽南赴援湖北。咸丰六年（1856）罗泽南战死后，接统其军，成为湘军一员重要统兵将领。曾国藩为李续宾作的《李忠武公神道碑铭》中说："湘军之兴，威震海内。创之者罗忠节公泽南，大之者公也。"

师从罗山

李续宾出生于耕读世家，兄弟五人，行四，幼弟续宜亦为湘军名将。李续宾五岁起即从父亲李振庭读《孝经》，七岁习《毛诗》《尚书》等，打下了深厚的蒙学基础。十二岁拜族祖李白适为师，此后四年间攻读科举学业，并与好友王勋、彭昌侃等一同习骑射、拳棒之术。道光二十七年（1847）为李续宾一生之极为重要的一年，这年三十岁的他与王勋等投入名儒罗泽南门下。此时罗泽南虽未显达，但已名满湘中，其学术思想可以概括为义理经世与辨学卫道两大特征。

罗泽南求学之地未出湖湘，湖湘文化"重义理、尚经济"的传统对他产生了深刻影响，追求"以学问道德为事功"之人生信条也在他身上打下了深深烙印，因而他强烈反对空谈性理，认为经世济民的学问才是真学问。罗泽南学术思想的另一个特征便是黜姚江而崇紫阳，通过辨学来捍卫程朱之道。

罗氏认为程朱理学是孔孟儒学之嫡传，是天下唯一正学，除此之学非俗即异，而这些俗学与异学对世道人心造成了极端恶劣之影响。他说："管、商之功利，佛、老之虚无，俗学之训诂、词章，陆、王之阳儒阴释，又从而摇之、乱之、阻抑之、陷溺之"，因而"俗学不黜，异学不熄，欲求立乎其极，是欲求之闽、越而趋陇、蜀也，安望其能至也哉"！他把辨学卫道看作关系世运兴衰、国家存亡的关键。在罗泽南看来所有俗学、异学之中，陆王心学实为阳儒阴释，其危害最大，因而对其批判、拒斥尤力。

自明中叶以来阳明心学兴起，程朱理学之正统地位受到强力挑战。虽然清代自康熙以来一直强调和维护程朱理学的正统地位，使之高踞庙堂，但在社会和民间的影响力显不如王学。罗泽南由是著《姚江学辨》，从学理上进行系统的辨析与批判。当然罗氏这一辨学卫道思想有极端的封闭性与保守性，但他试图通过复兴与捍卫程朱理学来扭转晚清社会自上至下普遍的道德失范，进而挽救世道人心，可谓用心良苦。

湘军创建初期，罗泽南无疑是其骨干人物。罗泽南弟子中，因追随其而投身湘军名留史册的有十六人之多。李续宾一生事功之起点正在于师从与追随罗泽南。

罗泽南对李续宾的影响是全方位的，从学术理念到治军思想，再到战略战术的继承与发展，李续宾身上无不深刻打上了罗泽南的烙印。从经世致用的思想来看，李不但心领神会，还会发扬光大。比如李从学习骑马之术进而"亦考求畜马之法，遂善相马"，后来胡林翼、曾国藩得马还经常请李续宾来品鉴。作为一个军人，李续宾还粗通医术，军中士卒有疾往往亲为诊治，统兵八年，军中并无流行性疾病蔓延。

罗泽南以理学治军，其军队有很深厚的读书风气。曾国藩称赞其军："矫矫学徒，相从征讨，朝出鏖战，暮归讲道。"作战间隙讲经论道，有助于提升部队的凝聚力，也有助于提升军队的整体素质。其严明军纪亦容易得到上下之认同。

李续宾也继承了乃师理学治军之思想。《李续宾年谱》咸丰六年丙辰条记："自公治军，恒以战暇教士卒文字，人数愈众，乃营置教师一，按日讲习。"

至于其战略战术亦得罗泽南之真传。罗泽南作战时常以静制动，重视对作战节奏的把握。李续宾在战场上，"每临阵，安闲镇静，不苟接刃"，可谓深得乃师之精髓。

当然，李续宾对作战节奏的把握也并非一味采用"以静制动"之法，有时也会反其道而行之，以动制胜。他在给王鑫的书信中对以动制胜的战术思想有过详尽的阐述："贼军飘忽变动，无不活着；我军为贼牵制，总是滞着。若不变计，平贼无日。某以为围城堵隘之兵，固可静不可动。但贼善于乘虚，长于攻瑕，多方诱我以入彼之彀中。我亦明知而不能不入者，则以我军别无一枝足以流动活泼，电掣风行以预先扼击而制彼之计也。然则非别立常动之兵不为功。而兵常动，专击窜贼、援贼，乍至便迎头速剿，既败则拦尾猛追，务使虚无可乘，瑕无可攻。夫静驻之兵，既得以制贼死守之命；而常动之军，又可制贼飞扬之患，庶定澄清之局矣。但常动之军，因贼乃动，动之以机者也。有时无事而闲暇，则较静驻之军而更静。相机而动，维吾之所欲为，然后致人而不致于人。"可谓深谙动静之军事辩证法。

总之，李续宾能成一代之名将，与深得罗泽南之真传密不可分。

湘军悍将

作为湘军早期战神级的悍将，从咸丰二年（1852）到咸丰八年（1858）这七年间，李续宾身经数百战，攻无不克，战无不胜，直至三河镇之战兵败身死，颇似悲剧英雄项羽之军事经历。

纵观李续宾之戎马生涯，基本上以罗泽南于咸丰六年（1856）负伤去世为界分为前后两个阶段：前期追随罗氏，作为罗氏的副手共同领兵；后期则独当一面。数年间李氏转战湘、赣、鄂、皖数省，其声名鹊起，始于湖北，盛于江西战场，最终在安徽战场身败落幕。在李续宾所经历之上百次战斗中，田家镇之战、九江之战与三河镇之镇最为重要。

咸丰四年（1854）八月，曾国藩攻克武汉后规划东征，准备由九江、安庆直捣金陵，九江因而成为湘军的首要目标。湘军欲夺九江，必先克田家镇。田家镇地处长江中游，号称"两江门户，金陵咽喉"，战略地位十分重要，是湘军与太平军的必争之地，此前张亮基、江忠源皆败于此。太平天国名将燕王秦日纲在此构筑了坚固的军事堡垒，布重兵设防，以阻湘军之攻势。在进攻田家镇南岸的半壁山之战中，罗泽南、李续宾仅以将士两千余人击破十倍于己的太平军，迫使驻守田家镇的太平军全线撤退。后来胡林翼为李续宾作的祭文中说到此役："公师跃入，十荡十决。岸赭江红，长毛洒血。采石顺昌，诅足拟此！湘军之雄，自公伊始。"罗、李湘军在湖北的数年征战，扭转了清军与太平军在此的军事格局。

咸丰六年（1856），罗泽南伤重不治，遗命李续宾统其军。是年，李率部抵九江城下。负责守城之太平军名将林启荣以善守敢战著称，曾坚守九江六年之久，击退过湘军对九江的多次进攻，但终被李续宾攻克。曾国藩认为九江之克是清军在东南数省作战的一大转机，论功李续宾居第一，加巡抚衔，赏穿黄马褂，许专折奏事，此时李续宾达到了军事生涯的顶峰。

咸丰八年（1858），李续宾挟攻克九江之余威率部进军安徽，在一个月内连下太湖、潜山、桐城、舒城，所向披靡，战无不胜，攻无不克，直抵庐州（今合肥）外围之三河镇。

三河镇位于庐州、庐江、舒城三地交界处，是皖中著名的物资集散地。李续宾意图趁势夺下三河镇，从而切断太平军供应庐州、天京的物资补给，结果陷入太平军陈玉成、李秀成部的重重包围。

李续宾三河之败原因历来似有定论，大多数论者认为失败之因主要在于其求胜心切，意气用事，骄傲轻敌。但近年随着学者研究的深入，三河之败深层次的原因得以披露。

首先三河之战的发生并非李续宾的急于求胜，而是清廷的一再催促所致。李续宾原来的战略部署是克九江后顺势进攻江北的安庆，但此时战争形势发生了很大的变化。

咸丰八年（1858）的战争形势有两个特点：一方面是湘军攻克湖口、九江，江西战场形势发生逆转；但另一方面，天京内讧之后的太平天国重建核心领导力量，陈玉成、李秀成成为新的军事统帅，他们在皖北战场屡挫清军，并于八月占领庐州。庐州是清政府在安庆失陷后新设立的安徽省府，又是扼守太平军北上京、津的要冲。庐州失守，关系重大，在此背景下，咸丰帝十日内连发七道谕旨令李续宾火速增援皖北。

危急时刻，李续宾并非不知自己身处险境。他在《遗疏》中说："臣伏思我军自入皖以来，千里赴援，则力罢矣；连月战胜，则气散矣；沿途分兵，则势孤矣；屡拔坚城，则伤亡众矣。虽经飞檄调营策应，然道路迢遥，缓难济急。而该逆死守孤城，急难攻破，援贼又日日逼近，势甚猖獗。我劳而贼顾逸，我客而贼反主，我寡而贼甚多，我饥而贼固饱，胜负之机，殊难预料。"另从李续宾在桐城留驻赵克彰，在三河镇南岸留驻李续焘的布置来看，李氏是留有后手的，准备在危急时退守。但面对朝廷的高压，李氏不敢苟且图存，只有犯险冒进。

在面对陈玉成、李秀成的重重包围之时，李续宾飞檄向湖北方面求援。时湖北巡抚胡林翼丁忧在籍，主持军政大权的湖广总督官文竟视紧急军情如儿戏。据《湘军志》记载："官文得书笑曰：'李九所乡（向）无前，今军威已振，何攻之不克，岂少我哉？'遍示诸司、道，皆以续宾用兵如神，无所用援。"由于官文的严重失职，使李续宾的战略计划落空。更令人痛心的是，面对主将的倾覆之危，奉李续宾之命留守三河镇对岸的李续焘和留守桐城的赵克彰也拒不回援。

在最后的关头，李续宾身边仅剩六百余人，众人建议以乔装隐蔽的方法助主将突围。

然而，深受罗泽南理学思想影响的李续宾却选择了慷慨赴死。他在《遗疏》中说："臣起自草茅，受皇上破格之恩，委以军旅，寄以腹心，自应临难不苟，见危受命，方为不辱君命……且臣此时退兵，则各营皆退，该逆随后赶追，必至桐城，兵力稍厚，方能抵敌。"因此可以看出他的"致命遂志"是由其内心深处"不辱君命""死于国事"的坚定信念引发的。因而李续宾死事之惨烈与悲壮，亦成就其悍将之威名，对当时湘军将士之激励也是无以复加的。

儒将风流

少年时代受各种影响，李续宾在我心中被定格为一个骄横鲁莽、死有余辜的悍将形象。随着年岁渐长，读书渐多，李续宾的儒将形象在我心中愈见清晰。

前文已述李续宾幼年时起即受儒学之熏陶，而立之年开始师从一代醇儒罗泽南。因而儒学在其一生中打下了深刻的烙印。真实的李续宾不但不是一介武夫，而且是一位以孝立人、以诚待人、以礼让人的谦谦君子，是一位以儒（理学）治军、以忠谋国的儒将。

李续宾五岁发蒙接受儒学教育，《孝经》便是主要课程之一。据《李续宾年谱》记载，七岁时"振庭先生率家人行礼毕，隅坐正寝，哀戚竟日，公亦肃立左右竟日"。

李续宾十二岁那年，其父积劳成疾，久治不愈，其家境每况愈下。为维持家庭生计，李续宾的三位兄长均外出经商，留其一人操持家务，事无巨细俱亲力亲为。其父"苦夜不成寐，则起坐，公必先起，燃灯瀹著，冬则热火，光禄公乃兴，公侍座陪语，恒至天曙。"如此十余年，李续宾从少年变成中年，对其父关心照顾备至，其父竟至痊愈。

孝道作为儒家文化的重要内涵，亦是李续宾作为一个谦谦君子的必备品质。

除以孝立人外，李续宾还能做到以诚待人。李续宾"贱权谋，接士以诚"，以爱民下士为念，以诚待士卒，爱护有加。曾经"军中积粟无可支食半岁，鲁、晋、豫、蜀协饷亦多不至者，"便"以家中所寄盐干诸物分赐将士，颁以酒肉"。"所得廉奉，悉充军饷，身殁之后，家无余财。在军中无时不以爱民下士为念……每出阵，则怒马当先，亲冒炮石，故士卒莫不奋勇向前，以少破众。"但另一方面军纪严明，军队战斗力极强，其治军深得乃师之法。

以礼让人亦为儒者之美德。岳州战役中，李续宾厥功至伟，然而却归功于乃师罗泽南。曾国藩为李续宾作神道碑铭曰："大让无形，即指此也。"李续宾的言行举止，待人接物所表现出来的谦谦君子形象正与中国历代的儒将形象一致。

李续宾的儒将形象还特别体现在其以儒（理学）治军，以忠谋国等方面。

前文已述李续宾的以理学治军，此处不赘。至于其以忠谋国在三河之役中表现得淋漓尽致。在十日之内连接朝廷七道谕旨要求进军的情形下，李续宾向朝廷上疏："而臣所部八千人因克复潜山、太湖、桐城及此间（舒城），留兵防守，分去三千余人。数月以来，时常苦战，未尝得一日之休止，伤损精锐，疮痍满目。现已不满五千人，皆系疲乏之卒。三河一带悍贼虽多，自揣犹足以制之。若遇大股援贼，则兵力亦恐难支。当尽其所能，以报皇上之恩遇而已。成败利钝，非所计也。"此时李续宾的头脑异常清醒，并非一般论者所言急于建功，骄横轻敌，而是当国家利益与个人利益发生冲突时，一个以忠谋国的将领会置个人死生于度外，这种舍身成仁的人格风范亦是儒将之本色。

（原载《书屋》2020 年第 7 期，与段卫国合撰）

彭玉麟的"三不要"

　　光绪十六年（1890）四月，彭玉麟病逝于衡州退省庵（今湖南省衡阳县渣江镇），享年七十五岁。友人黄体芳撰有一挽联：

　　　　于要官、要钱、要命中，斩断葛藤，千年试问几人比；

　　　　从文正、文襄、文忠后，开先壁垒，三老相逢一笑云。

　　下联中文正、文襄、文忠分别指曾国藩、左宗棠与胡林翼，均先于彭玉麟谢世，"中兴四名臣"会于一联，妙不可言。而上联虽不叙彭之功业，却道尽了其"不要官、不要钱、不要命"的品格，实为晚清官场乃至数千年中国古代政治史上的一道独特风景。

"不要官"

彭玉麟（1816—1890），字雪芹，人称雪帅，祖籍湖南衡阳，生于安徽怀宁。十六岁随父彭鸣九回籍，两年后其父病逝，族人夺其田产，乃避居衡州府，就学石鼓书院，后不得不辍学，投衡州协标营（绿营）充司书，支饷以养家。衡州知府高人鉴偶见其文与书法，极为赞赏，招其入署读书，后补府学生员（秀才），但其科举之路亦止步于此。

道光二十九年（1849），湖南新宁发生李沅发之乱。作为衡州协标营一员，彭玉麟前后六个月随同清军在湘南、桂北及黔东一带与李沅发部游走作战，战后受赏蓝翎顶戴并授予低级武官之职。而此时刚过而立之年的彭玉麟决心归隐，并赋诗言志，中有"书生从此卸戎装"句。

咸丰元年（1851），洪秀全建号太平天国，很快攻入湖南境内。咸丰三年（1853），曾国藩受命组建湘军，并于衡州组建水师，急需卓越的水师将领。有人向曾国藩推荐彭氏，曾氏也就多次派人劝其出山，均被彭氏以母丧守孝为由拒绝。曾氏效仿刘备三顾茅庐故事，三顾彭宅。曾氏不断晓以大义进行劝说，彭氏最终答应出任水师将领，为水师十个营官之一。但彭氏也与曾氏约定，功成即退，"不求保举，不受官职"。

曾国藩三顾彭宅成就了彭玉麟一生的功业，事实上，自湘军水师建成后，彭玉麟才真正踏上其"书生从戎"之路。从此彭玉麟不断建功立业，清廷也累授其官职，由道员、按察使、巡抚，直至总督、尚书，由四品直至一品，终至位极人臣，但同时也伴随着彭玉麟的不断请辞。

咸丰十一年（1861）四月，清廷擢升彭玉麟为广东按察使，谕旨要彭氏即刻来京陛见，然后去广东赴任。如果自己愿意的话，不但升官，而且免去了江湖征战之苦，但最终彭玉麟没有接受这一任命。

同年十一月，湖广总督官文上奏朝廷，请命彭氏为安徽巡抚。如彭氏接受，即成为封疆大吏，这是许多官员梦寐以求的。顺便说一句，左宗棠正是在这一年出任浙江巡抚，李鸿章要到下一年才出任江苏巡抚，之后他们出将入相，成就非凡事功。但彭玉麟以自己只会带水师，不会带陆师为由拒绝。

清廷接二连三下达催促彭氏就任皖抚的圣旨，彭氏也连续三次上折力辞，清廷只好改授其水师提督，后补授兵部右侍郎。

同治三年（1864），湘军克复江宁，平定太平天国，彭玉麟被赏给一等轻车都尉世职，并赏加太子少保衔（去世后加授太子太保衔）。

同治四年（1865），朝廷命彭玉麟署理漕运总督。漕运总督掌管鲁、豫、苏、皖、浙、赣、湘、鄂八省漕政，并节制江北镇、道诸官，实乃各级官员垂涎的一流肥差。彭玉麟以不懂漕政为由两次具折请辞，清廷只好收回成命。

同治七年（1868），彭玉麟上奏朝廷，请辞一切官职，开缺回籍。这道奏折，情真意切，堪比晋代李密《陈情表》，特照录如下：

> 臣墨经从戎，创立水师，治军十余年，未尝营一瓦之覆，一亩之殖；受伤积劳，未尝请一日之假；终年风涛矢石之中，未尝移居岸上求一日之安。诚以亲服未终，而出从戎旅，既难免不孝之罪，岂敢复为身家之图乎？臣尝闻士大夫出处进退，关系风俗之盛衰。臣之从戎，志在灭贼，贼已灭而不归，近于贪位；长江既设提镇，臣犹在军，近于恋权；改易初心，贪恋权位，则前此辞官，疑是作伪；三年之制，贤愚所同，军事已终，仍不补行终制，久留于外，涉于忘亲。四者有一，皆足以伤风败俗。夫天下之乱，不徒在盗贼之未平，而在士大夫之进无礼、退无义。伏惟皇上中兴大业，正宜扶树名教，整肃纪纲，以振起人心。况人之才力聪明，用久则竭，若不善藏其短，必致转失所长。古来臣子，往往初年颇有建树，而晚节末路陨越错谬，固由才庸，亦其精气竭也。臣每读史于此，窃叹其人不能善藏其短，又惜当日朝廷不知善全其长。知进而不知退，圣人于易深戒之，固有由矣。臣本无经济之学，而性情褊躁，思虑忧伤。月积年累，怔忡眩晕，精力日衰，心气日耗。若再不调理，必致贻误国事。恳请天恩开臣兵部侍郎本缺，回籍补行终制。报国之日正长，断不敢永图安逸也。

彭氏向朝廷言明，自己为母守制还未结束即墨经从戎，从军十余年兢兢业业，现在战争已经结束，不愿贪恋权位，希望朝廷准其开缺回籍。

清廷被其孝心与忠心打动，准其开缺，补行守制。但不到半月，又以曾国藩调任直隶总督，黄翼升不足以控制长江水师为由，命彭玉麟即赴江、皖，扼要驻扎，兼以养病。这样朝廷又间接驳回了彭玉麟开缺回籍的请求。第二年（1869），彭玉麟才得以回到家乡，为母补行守满三年之制。

三年后（1872），清廷再次任命彭玉麟为兵部右侍郎。彭氏上奏，待皇帝大婚礼成后再决定是否就任。十月十六日，同治帝大婚，彭氏就任宫门弹压大臣。二十六日，彭氏上奏，请求开缺回籍，清廷准其开缺兵部右侍郎，但仍任长江巡阅使，嗣后每年巡阅长江一次。从此彭玉麟就走上了巡江之路，直至光绪十四年（1888），即彭氏病逝前两年。这十六年间，长江水师上下整肃，实力亦大增。

光绪七年（1881）八月，清廷命彭玉麟署理两江总督。彭氏两次具折请辞，并请开缺巡阅长江使。

光绪九年（1883），中法战争爆发，朝廷命彭玉麟补授兵部尚书。彭氏多次力辞兵部尚书，只专办粤东防务，不准。直至光绪十四年（1888）八月，清廷准其开兵部尚书缺并暂免巡江。两年后，彭氏于衡阳家中病逝。

"不要钱"

"千里做官只为钱"，"三年清知府，十万雪花银"，这是传统官场的写照，也是时下贪官污吏们的追求。彭玉麟做官却不是为了钱财，他早在平定新宁李沅发之乱时已决心隐退，如果不是那场太平天国运动，不是曾国藩的三顾之恩，彭玉麟也许就会以一介穷秀才的身份终老山林。他在一份奏折中阐明其出山的原因："臣本寒儒，佣书养母。咸丰三年丁母忧，闻粤逆之乱，激于义愤，慷慨论兵。曾国藩谬采虚誉，屡次寓书，强令入营。臣勉应其招，墨绖从戎。初次谒见，即自誓不求保举，不受官职。"其出山是激于义愤，做官也就不为钱财。由于没有贪图钱财的动念，也就能做到功成身退。所以彭氏之拼命辞官的内在原因在于其不恋权位、不贪钱财，以及甘愿过俭朴乃至寒素的生活。在一封家书中，他将这一思想阐述得十分清楚：

> 崇俭是我一生长处，非夸语；不贪亦是我一生长处，非夸语……未尝营一瓦之覆，一亩之殖；受伤积劳，未尝请一日之假；终年于风涛矢石之中，未尝移居岸上以求一日之安。虽屡膺荣赏，自顾才秒，未尝肯滥竽荏任；应领收之俸给及一切饷银，未尝侵蚀丝毫，未尝置一新袍。敝衣草屦，御之而心气舒泰，中怀澄然无滓，可以明彻天地，俯仰无愧怍。是以历劝家中，幸以我为法，以戒奢侈崇俭实、戒贪欲崇廉义为要义，不可妄制一衣，妄用一钱也。

彭玉麟为官数十载，确乎做到了清廉自守，尚俭汰奢。

平定太平天国后，清廷决定以原湘军水师为基础，组建长江水师，彭玉麟被委以重任。为解决长江水师经费问题，彭氏将淮盐贩卖一事从清廷揽入自己手中，赚了巨额的银两与盐票，不但解决了水师的军饷，还将剩下的作好分类，分别用于朝廷的其他事务中，自己分文不取。而且多年来他未支取过应得的养廉银，计有两万五千余两，悉数充当军饷。临终前捐俸银一万二千两，建船山书院。

彭玉麟个人生活的俭朴更是官场的楷模，晚清才子、湖南湘潭人易宗夔在其笔记体史书《新世说》中，专列一则论彭氏的清廉，可资佐证：

> 彭雪琴力崇俭朴，偶微服出，布衣草履状如村夫子。巡阅长江时，每赴营官处，营官急将厅事陈设之古玩及华焕之铺陈，一律撤去，始敢迎入。副将某以千金购玉钟，闻公至，捧而趋，砰然坠地。公见之，微笑曰："惜哉！"副将悚服，不敢仰视。尝饭友人处，见珍馔，辄蹙额，终席不下箸，惟嗜辣椒及豆腐。有人谒之于西湖退省庵，公衣茧绸袍，加羊毛外褂，已裂数处，冠缨作黄色。室中除笔砚外，惟竹簏二事。久之，命饭，园蔬数种，中置肉一盘而已。

郭嵩焘是彭玉麟的挚友，曾送给他燕窝以滋补身体，他在回信中表示，"赵璧奉还"，理由是"缘生平有鄙愿，不敢食此珍物，因先慈一生未尝此味故也"。粗茶淡饭，敝衣草履，践行了他"予以寒士来，愿以寒士归"的诺言。

"不要命"

岳飞尝言："文臣不爱钱，武臣不惜死，天下太平矣"。可惜文武官员能做到的太少，岳飞可谓点中了他们的死穴，而这两条，彭玉麟都做到了。

当然，他的"不要命"主要体现在公忠体国之心与慷慨赴死之志，而非一介武夫的蛮干硬拼。他曾与友人谈及统领水师与太平军作战时为何不用任何遮挡：

> 我本一介书生，知近世利器有枪炮，独少了捍御之法。昔日戚继光制刚柔牌，以漆牛皮蒙于外，而搓湖棉成团，更置头发于内，用来捍御枪炮。无奈炮子一来，无坚不破。回忆当年训练水师时，曾也到处寻求御炮子之法：以鱼网数层，悬空张挂，炮子一过即穿，一不能御。以絮被渍湿张挂，炮子一过即穿，二不能御。以生牛皮悬于船旁，以藤牌陈于船梢，三不能御。又作数层厚牌，以竹鳞排于外为一层，牛皮为一层，水絮为一层，头发为一层，合而成牌，四不能御。于是懂得戚氏之刚柔牌，决不能御炮子。就和军门杨载福等商量，索性放弃鱼网、水絮、牛皮等物，直以血肉之躯，植立船头，可避则避之，不可避则听之。因而麾下水师弁勇，有样学样，也相率直立直前，毫不畏忌。凭借矫捷之身手，与敏锐之眼光，相机行事，选择避免之方。由是感叹，打仗就是一个不怕死而已。

其实一开始他也在尝试躲避炮火之法，只是冷兵器时代的遮挡物都无法防御热兵器的进攻，所以只能抛弃遮挡奋勇向前。如果没有这种"不要命"的决心，早就被无法躲避的炮火吓破了胆。

长年累月的水师生活，奔波逐浪之间，彭玉麟饱受潮湿风寒之苦，患有心悸、气逆、咯血、风湿等多种疾病，晚年更是老病颓唐，躯体支离。然而一旦国家有需要，他便义无反顾，鞠躬尽瘁，死而后已。

张之洞曾如此评价彭玉麟："加官不拜，久骑湖上之驴；奉诏即行，誓剪海中之鳄。艰难时局，矍铄是翁。"

所谓"加官不拜"，前文已述；所谓"奉诏即行"，是指中法战争（1883—1885）发生后，朝命彭为兵部尚书赴粤督师。接到诏令后，已近古稀之年的老将军不顾支离病体，迅速前往。他奏言："今广东防务吃紧，时事艰难，朝廷宵旰忧勤。臣一息尚存，断不敢因病推诿，遵即力疾遄征，以身报国，毕臣素志。前折即蒙恩准开缺并除长江差使，臣万不敢辞此次广东之行，以免另简他员，往返延误月日，致误大局。"

彭玉麟此去广东，给中方将士带来一丝曙光，尽管他无法拯救孱弱的清王朝。

几年后彭玉麟病故，与彭在广东筹防时结下不解之缘的张之洞写下这样的挽联：

　　五年前瘴海同袍，艰危竟奠重溟浪；

　　二千里长江如镜，扫荡难忘百战人。

当年筹防粤疆情景历历在目，而此时身为湖广总督的张之洞一望数千里长江风平浪静，睹物思人，难忘半生驱驰于风涛矢石之中的雪帅矣！

（原载《书屋》2017 年第 1 期）

访杨市镇湘军将领故居群

一

2018 年暑假，我在谢光辉先生的陪同下，参访了湖南涟源市杨市镇湘军将领故居群。

谢先生四十多岁，军人出身，转业后曾在长沙工作，有不小的产业。但他深慕湘军精神，毅然回到家乡杨市镇，担任村委会主任，并潜心研究湘军文化，参与家乡古建筑的保护工作，并自愿成为外地游客的导游与讲解。对于分布于杨市镇各处与湘军将领有关的宗祠、民居与墓葬等，谢先生如数家珍，娓娓道来。当天由于时间比较仓促，我们只是重点参访了与刘家将有关的几处古建筑。

二

　　杨市镇旧属湘乡县，称集祥镇，俗名杨家滩，在湘乡县治西一百七十里，与宝庆、安化接壤，是三县的经济文化交流中心。杨家滩三面环山，涟水纵贯全境。涟水之名最早见于汉代《水经》："涟水出连道县西，资水之别，东北过湘南县。"汉代连道县西在龙山之麓的孙家桥，"湘南县"即后世之湘乡县。涟水全长二百余公里，其上游在杨家滩境域，长达四十余公里。可以说涟水是杨家滩的母亲河。当年杨家滩的子弟参与曾国藩的湘军队伍就是从涟水入湘江、长江，加入不同战场，为挽救清王朝，立下汗马功劳。功成名就后，他们也正是通过涟水将大量金银、物资运回杨家滩，在涟水两岸修建了大量的宅第、园林、宗祠及寺庙等，如今仍留下排列长达十余里的古建筑群落。

　　不过今天我们所说的杨家滩的母亲河已易名为孙水。1951年，涟源置县，县治定于原属安化的蓝田镇，将流经蓝田镇的蓝田水更名为涟水。

　　从杨家滩走出的湘军将领基本上可以分为李、刘、萧、毛四支。李家将出自杨家滩下辖之桥头、天堂李姓，统领为李续宾、李续宜，有名将三十四人，其中积功授衔的有巡抚二人、按察使二人、提督三人、知府二人。刘家将出自杨市刘族，以刘腾鸿、刘腾鹤为统领，有名将十一人，其中总督、布政使、按察使各一人，另有道员五人、知府二人。萧家将出自甘溪、秀溪之萧族，统领为萧启江，有名将六人，其中布政使加巡抚衔一人、提督二人。毛家将出自快溪毛族，统领为毛湘菴、毛际惠，有名将九人，其中提督一人、总兵二人、副将一人。

从咸丰初年到同治前期短短十余年间，杨家滩这片狭小的区域涌现了如此多的名将，并有李续宾、李续宜、刘岳昭、刘连捷、刘岳晙、刘腾鸿、刘腾鹤、刘岳昕、周世宽等十一人在《清史稿》中立传，这在古今历史上实属罕见。同治年间的《湘乡县志》赞道："今值时方用兵，湘勇奋起，文武士绅，威树功名，忠节义勇，于斯为盛。"

三

从杨家滩的胜梅桥顺着蜿蜒的孙水往下，老刘家、德厚堂、存养堂、存厚堂、余庆堂、光远堂、佩兰堂、师善堂、云桂堂、静养堂、宝让堂等建筑鳞次栉比，气势恢宏。踏着光溜的青石板路，来到这些古朴斑驳的堂屋老院，仿佛走进了那段金戈铁马的历史，一个个鲜活的湘军名将扑面而来。

当天我们参访的第一站即名震四方的"大夫第"——老刘家。之所以名为"老刘家"，是由于它是杨家滩望族刘氏在湘军兴起之前的祖居之地，以别刘氏子弟功成名就之后新建之宅第。"老刘家"位于杨家滩东部，现在还保存着一栋青砖花瓦马头墙、飞檐翘壁、雕梁画栋的古宅大院。老刘家建筑群始建于康熙四十七年（1708），分期分区建成，持续近百年，至清乾隆五十六年（1791）才终于竣工，占地近三十亩。堂屋坐北朝南，前有孙水蜿蜒东下，远有龙山耸立对峙，后有闹市复兴街，四周有高墙相围，为统式建筑结构。规模宏大，建筑面积达三万多平方米。由光裕堂、怡然堂、六吉堂等堂院组成，有房屋数百间。老刘家以天井多而著称于世，据说原有天井一百零八个，现在尚存四十八个。小的约三五平方米，大的达百多平方米。老刘家建筑科学合理，纵横交错的走廊把各堂院连在一起，雨不湿鞋，晴不怕晒，十分方便。晚清时期，刘氏家族有刘腾鸿、刘腾鹤、刘岳昭、刘连捷等多人晋升为达官显贵，老刘家更加兴旺发达，规模不断扩大。现在老刘家的正厅还悬挂同治皇帝御赐的"大夫第"牌匾，显示了刘家曾经的显赫地位。

刘腾鸿是第一个从老刘家走出去的湘军名将，据《清史稿》记载：刘腾鸿（？—1857）字峙衡，"少读书，未遇，服贾江湖间。咸丰三年，夜泊湘江，遇溃卒数十辈行掠，诱至湘潭，白县令捕之，由是知名"。他是湘军创建初期重要的将领之一。咸丰三年（1853），时年已三十四岁的刘腾鸿投身湘军。在他的影响下，他的几个族弟刘岳昭、刘连捷等也相继投军。咸丰四年，太平军西征，湖南、湖北形势危急，刘腾鸿战岳州、湘潭等地，连克蒲圻、咸宁、武昌，英勇善战，屡立战功。罗泽南十分赏识，收他为弟子，所部称湘后营，树黑色的"刘"字大旗。

咸丰七年（1857）七月，刘腾鸿率军攻打瑞州北城。他亲自督战，不幸负伤。为鼓舞士气，第二日，他强忍伤痛，带伤督战，就在瑞州快要攻下的时候，忽然飞来一枚炮弹，腾鸿中炮而亡。临死前，他对弟弟腾鹤和连捷说："城不下，无殓我！"营中的将士无不下泪。湘军将士群情激愤，奋勇攻城，当日就攻下了瑞州北城。咸丰帝感其英勇，赐恤依道员例厚葬，并赐予骑都尉世职，在瑞州建立专祠纪念。刘腾鸿死后，其弟刘腾鹤代为统领军队，收复峡江，攻克吉安。咸丰九年，在浙江建德风云岭大战中，腾鹤孤军奋战，被太平军包围，英勇战死，年仅二十八岁。

从老刘家出来不远就到了刘岳昭宅第存养堂。存养堂规模宏大，青砖花瓦马头墙、飞檐翘壁、雕梁画栋，占地近四万平方米，堂前有池塘，孙水河边有专用码头，堂内亭台楼阁，假山花园，与堂屋浑然一体，风景殊美。存养堂装饰精美，门前石狮，威风凛凛，堂内雕刻，美轮美奂，金字牌匾，门槛对联，处处彰显主人的尊贵身份，曾号称杨市第一花屋。

刘岳昭是杨家滩诸将中唯一一位列总督的将领。《清史稿》载："刘岳昭，字荩臣，湖南湘乡人。以文童投效湘军。咸丰六年，从萧启江援江西，转战积功，累擢以知县用。启江器其才，使领果后营。七年，破贼高安莺哥岭，连拔彭家村贼巢。进攻临江，击败援贼於太平墟。寻克临江府城，擢同知。"刘岳昭后转战至云南、贵州、广西、四川等处，积功官至云贵总督。

存养堂的旁边不远处，有一栋房子规模宏大，气势不凡，名存厚堂，是刘岳昭的弟弟曾官至布政使的刘岳晙的府第。存厚堂始建于同治年间，历时数年方才建成，是杨家滩现存最为美观气派的堂屋建筑之一。它占地面积两万多平方米，坐北朝南，前临孙水河，背靠竹山，房前右边有果园、池塘，正门前方有石阶逐级而上，上有月台，宽约四十米，长近二百米，均由条石砌成，正门的门框上刻有石狮，门槛上有花鸟瑞兽雕刻，当年的豪华气派依稀可见。

存厚堂不远处有光远堂，是刘岳昭的弟弟刘岳昕所建。光远堂为四进三横的建筑，占地面积一万多平方米，前有池塘，西边有口水井，后有两座碉楼。光远堂设计独特，堂内装饰古朴自然，雕花石刻很是精致。其房屋多有破坏，但是整体建筑还基本完整。

光远堂附近有德厚堂，是官至布政使的刘连捷的府邸。房屋坐北朝南，为四进五横的统式建筑，占地面积达三万多平方米。门前有十三步石阶，意喻皇帝赐封的十三太保之意。槽门上有圣旨牌匾"乐善好施"。百年风雨后，德厚堂建筑大部分倒塌毁坏，但是正厅和偏房还在，堂内的龙形雕刻和屋脊上的彩绘依旧十分美观，它们见证了德厚堂辉煌的过去。

德厚堂附近有师善堂，刘连捷的儿子所建，为四进院落，占地面积两万多平方米。坐北朝南，屋前有口大池塘，塘岸由清一色的条石砌成，池塘南十米为孙水河，河边有专门的私家码头和水井。堂屋的西边有花园，东边有小池塘，后有竹山，郁郁葱葱。走进师善堂，堂内装饰精美，雕梁画栋，木质门窗美观古朴，阁楼雕刻栩栩如生。无论是建筑上的斗、拱、昂、梁或隔扇，还是家具的设计和制造工艺都体现了浓郁的地方特色。在正厅阁楼的隔板上，就有八仙过海、文王访贤、桃园结义等多种浮雕透雕，或人物故事，或花鸟虫鱼，雕工之精细，让人叫绝。师善堂布局科学，工艺精美，整个建筑充溢着江南小镇古老文化的韵味。

我们当天走访的最后一站为余庆堂，又名鼓松堂，是刘腾鸿、刘腾鹤父亲刘镇湘所建。腾鸿、腾鹤在作战中先后阵亡，清廷对刘家封赏有加，刘父为追忆儿子光耀门庭，于清同治二年建此堂屋，历时数年建成，并命名为余庆堂。此堂为四进青砖花屋建筑，占地一万多平方米，财门包括扦牙为大青石加工而成，龙柱为两根石柱，石柱上有石鼓、石狮，每根重约五吨，财门前有青石铺就的大坪约四百平方米，坪前石砌水塘一亩，进入财门又有青石铺就的内坪约三百平方米，阶基堂屋均为青石铺就，有天井七个，也为青石铺就，院内雕梁画栋，设计制造精美。

夕阳西下，天色将暗，身兼导游及讲解员的谢光辉先生嗓子已经嘶哑，我们才依依不舍地离开这片承载着一个时代风云的古建群。

（原载《书屋》2020 年第 1 期）

弦歌不辍古蓝田

　　抗战时期的安化蓝田镇虽然不如西南联大所在地昆明或者燕京大学所在地成都华西坝出名，但她仍然接纳了来自长沙的十余所中学并开办了一所大学，在连天的抗战烽烟中弦歌不辍，赓续着湖湘地区乃至中华民族的文化血脉。

　　蓝田镇现为湖南涟源市治所在地，旧属安化县。据清同治年间修撰的《安化县志》记载："相传宋张南轩经此，谓地宜蓝，后果艺蓝弥野，因名。"宋代理学家张栻经过此地，说这里宜栽种蓝这种植物，后来乡民果真在这里漫山遍野种植了蓝，所以得名为蓝田。该志云蓝田"溪环绶带，岫列锦屏，两岸间阁扑地，楼阁凌霄，客商骚人，往来云集"，时有小南京之称"。一方面蓝田镇位于湖南的几何中心，濒临连通湘江的涟水，商贾云集，交通方便，相对繁华；另一方面，枕山环水的地理环境又让小镇安宁祥和，俨然成了古韵犹存的世外桃源。钱锺书先生的小说《围城》中描写了三闾大学所在的小镇即以此为原型——"绝非战略上必争之地，日本人唯一豪爽不吝啬的东西——炸弹——也不会浪费在这地方。所以，离开学校不到半里的镇上，一天繁荣似一天，照相铺、饭店、浴室、戏院、警察局、中小学校，一应俱全。"如此远离战火，安宁祥和又相对繁华，充满世俗情趣的场所成了战时办学的不二选择。

抗战时期的中国遭受了前所未有的兵祸，田地荒芜，房屋焚毁，人民伤亡无数，流离失所，成为中国历史上最苦难的时代之一，然而中国的大学和中小学却顽强地生长着、发展着。如此战时奇迹应归功于当时无数以教育救国为己任的仁人志士。而事实上，历朝历代凡战火所及之地最易遭致毁灭性打击和破坏的必是手无寸铁的师生和学校。为了最大限度地减少学校及教育的损失，国民政府于1937年8月先后颁布《总动员时督导教育工作办法纲要》和《战区学校处置办法》，分令各省市教育行政部门及专科以上学校为选择比较安全地区以便转移办学，对中小学也作了一定的安排。

1938年6月，武汉会战打响，长沙震动，偌大的长沙城已容不下一方课桌。根据湖南省政府的教育转移计划，长沙市的大中小学纷纷内迁本省偏僻山区或他省办学。先前迁至长沙的北京大学，清华大学和南开大学已于1938年4月西迁至昆明联合办学，称西南联大，其抗战八年的办学史，成为中国教育史上的佳话。长沙本地的几所著名中学，如长郡中学、明宪女中（今长沙市第十五中学）、周南女中（今周南中学）、大麓中学（今长沙市第九中学）、广雅中学（今长沙市第七中学）、妙高峰中学（今长沙市第十一中学）、明德中学及岳云中学（今衡山岳云中学）等纷纷避迁于蓝田镇办学。

现以长郡中学为例，谈谈战时办学的艰难。

根据长郡中学校史记载，1938年暑假，长郡中学开始租赁蓝田"湘乡会馆"和"蓝田玉茶庄"作为校舍并陆续搬迁。战时交通不便，只凭几条小木船轮番转运，要将图书、仪器、教具及师生生活用具全部搬迁，实属不易，由于全体师生同心协力，一个假期便圆满完成任务，9月如期开学。

到了1945年4月，日军窜扰到湘乡和邵阳一带，蓝田顿时也进入战时状态，在蓝田的各校只得疏散进入更为偏僻的乡村。长郡中学决定迁至群山环绕的樟梅乡樟树坪吴宅。当时天气炎热，吴宅房屋开间很小，师生坚持在树荫下上课。到了8月15日，日本宣布无条件投降，学校决定仍迁回蓝田校址，并筹备迁回长沙事宜。1946年3月，学校复员回长沙三府坪老校址办学。

抗战八年，长郡中学四迁校址，种种艰难，仍弦歌不辍，令人动容。

如此条件下办学最困难的还不是屡迁校址，而是经费筹措的艰难。

据长郡中学校史记载，"抗战前本校除校舍不计外，尚有省垣房屋一百余栋，房租收入每年约有一万二千余元，田租收入每年约有一千八百余石，省府补助每年约七千余元，各县协款每年约五千余元，共计二万六千余元"。时任校长鲁立刚先生称："经费虽不充足，亦不十分困难。"

然而，"自文夕大火，及历次狂炸，校舍大半毁坏，其他房屋仅存六栋，余皆破瓦颓垣，野花杂草"。房租一处主要财源，自此几乎断绝。

三次长沙会战中，日军对长沙及周边县市狂轰滥炸，疯狂劫掠，使得长郡中学财源之一的田租几乎断绝。而政府拨款及各县协款亦于战争中严重缩水。不但学校经济空前困难，而家在沦陷区的学生不仅无钱交学费，还得由学校供应膳食，多时达二百余人。

如此艰难困苦之中能坚持八年之久，时任校长鲁立刚先生居功甚伟。

鲁立刚（1899—1985），字厚直，湖南浏阳人，1917年中学毕业于长郡，考入武昌高等师范学校（武汉大学前身）博物地理系，1921年毕业，适逢授业恩师竺可桢先生受聘东南大学教授，遂随竺先生任东南大学助教。1924年鲁受母校长郡中学之聘，担任地理教员，兼教务主任、训育主任等职，1936年临危受命，担任长郡中学校长至1949年，达十三年之久。1948年鲁立刚先生出任国大代表，1949年夏任湖南省教育厅厅长，后定居台湾。主要著作有《地理概论》及《群书治要精华》等。

在连天烽火之下，为了筹措经费，不让学校停一天课，不让一个学生辍学，鲁立刚先生赤足芒鞋，多方奔走，殚精竭虑。

翻阅长郡中学现存抗战时期校史，有关鲁校长周旋于长沙、宁乡、益阳、耒阳及安化诸地筹措经费，艰难支撑的事例俯拾皆是。战时各项事业都是如此艰难，亦幸得各级政府和热心教育的人士积极支持，集腋成裘，积少成多，襄成战时教育之盛举。

蓝田小镇及其周边不但集聚了如此多为躲避战祸搬迁而至的中学，而且国民政府还下令在此创办一所大学——国立师范学院。

　　中国的师范教育起步于民国初年，20世纪20年代曾有六所高等师范学校。1922年，教育部公布学校系统改革令，决定将高等师范学校提高程度，由此掀起了"高师改大"的风潮，如前文所述武昌高等师范学校成为了后来的武汉大学。六所高师升格的结果是师范院校仅剩北京一所，其他五所均改为普通大学，中国的高等师范教育由此陷入低谷。到抗战爆发之前，教育界普遍认识到由于高师停办导致中学师资缺乏教育专业训练，中等学校教育质量滑坡。抗战爆发后，在中华民族生死存亡之秋，寻求救亡之道的国民政府从中华民族长远发展的高度出发决定谋求师范院校之改进。1938年4月，国民党临时全国代表大会通过《战时各级教育实施方案纲要》。1938年7月，秉承《战时各级教育实施方案纲要》精神出台的《师范学院规程》，对高等师范教育制度进行了重大的改造。规程指出"师范学院单独设立，或于大学中设置，由教育部审查全国各地情形分区设立"。教育部部长陈立夫在1938年10月召开的第一次全国高级师范教育会议上，又对师范学院的建立因由作了阐述："教育事业，经纬万端，举其要领，则除教育方针之确定以外，当务之急，莫过于教材之厘定与师资之培养。中等教育一段，师资未备，以致师范学校、职业学校、高初级中等之师资，缺乏适当之训练，遂影响于国民教育、大学教育及社会各种事业。此实过去学制上之缺陷。本部思弥补此缺陷，遂有师范学院制度之设置。"师范学院的设立至此已完成了制度和思想上的准备，于是便开展了全面的筹备工作。教育部立足当时全国师范教育的基础和战争形势，确定添设独立师范学院一所，院址暂设湘桂黔一带，命名为国立师范学院，同时确定在西南联大等五所大学中附设师范学院各一所。

1938 年 7 月，国民政府教育部聘请时任光华大学副校长、著名教育家廖世承为国立师范学院筹备委员会主任。

廖世承（1892—1970），字茂如，上海嘉定人。1915 年毕业于清华学校后留学美国，1919 年获布朗大学哲学博士和教育心理学博士学位。回国后任南京高等师范学校、东南大学教育科教授，是当时著名的中等教育专家，致力于教育科学实验，参与创建中国最早的心理实验室之一，即南京高等师范心理实验室，并与陈鹤琴一起进行心理实验的研究，在实验的基础上，编著了《智力测验法》一书，列有实验方法三十五种。1924 年，他编撰出版了《教育心理学》，为中国这门学科的开拓者。1925 年，他与陈鹤琴合编了《测验概要》，该书对推广教育测验和心理测验起了一定的作用，是一本最简便的测验用书，他把当时只用于个人的中小学测验发展为用于团体，并丰富了测验内容，被称为"廖氏之团体测验"。

抗战非常之时要白手起家办一所大学，何其艰难！筹备工作千头万绪，办事过程困难重重，但廖先生夜以继日、勉力而为，凭借自己的威望、诚意、经验和勤奋将各项工作处理得有条不紊。从 7 月 27 日受聘为筹委会主任，到 10 月 27 日正式受聘为国立师范学院院长，再到 12 月 1 日国师开学，廖世承创办国立师范学院仅用了四个月的时间。

战时创办一所大学选址颇费周折，而国立师范学院最终确定创办于蓝田镇与长郡中学也有一点渊源。由于教育部有意将国师设立在离湘桂或湘黔铁路不远的市镇上，所以廖世承一方面托人在贵州考察院址，一方面重点考察湖南。他于1938年9月初到长沙后，即遣人到溆浦、沅陵等地考察。正在考察多日而无结果的时候，长郡中学（当时已迁蓝田）的鲁立刚校长在书店偶遇廖世承。鲁20世纪20年代初曾与廖在东南大学为同事，执弟子礼。出于对国师落户湖南的强烈愿望，鲁立刚竭力向廖师推荐安化蓝田，并解释"安化蓝田"这四个字蕴含的美好寓意，"安而化之，青出于蓝"，前者意指现在虽处战时艰难岁月，但必能化险为夷，后者包含了对师范教育的殷切期望。廖世承于是亲自到安化蓝田探访，发现蓝田镇地处湖南西部山区，远离京广线，受日寇干扰较少，但通铁路、公路、水路，交通尚属便利，蓝田又是山区中的小盆地，树木荫蔽，环境优美，物产丰盈，物价便宜，于是打定主意，将国师定址于此。但廖连续奔波了两天都没物色到合适的场地租借办学，"正山穷水尽、废然欲返时，忽有人指示李园可以租借。主人李卓然先生甚豪爽，磋商半日，即成立契约"。李园是民国元勋李燮和故居，位于距蓝田镇西一里许的光明山（今涟源一中），占地约有百亩，"其中房屋二百间，重阿曲房，长廊逶迤"，确实是难得的好地方。订立契约后，廖世承马上呈报教育部以蓝田作院址，获得批准。10月10日，筹委会接受李园全部房屋，开始修整和油漆，并在光明山上兴建教室和其他教学生活设施。

除了选址，廖世承受聘之后，即着手延聘师资力量。作为一位杰出教育家，廖先生认识到"教师为学校之命脉"，"一个学校的最后成功，就靠着教师。无论宗旨怎样明定，课程怎样有系统，训育怎样研究有素，校风怎样良善，要是教师不得人，成功还是没有把握"，故"师范学院之理想教授，须学识宏通，而且富有教学经验，具有教育热诚。"当时日军已进据岳阳，湖南危在旦夕，廖先生仍能以其赤诚和威望，遍邀四方贤达来校任教。先后任教国师的有著名学者钱基博、钱锺书父子、著名社会活动家、政治学家储安平，历史学家皮名举、唐长孺、张舜徽、李剑农，教育家孟宪承、任孟闲等，一时小小的蓝田镇群贤毕至、大师云集。

1939 年 1 月 14 日，国立师范学院广邀社会各界，补办了隆重的开学典礼。教育部普通教育司司长顾树森发表了"蓝田种玉，古所著名，秦楚异地，事有同情；师资培养，众志成城，复兴事业，乐观厥成"的祝辞，国师承载了国民政府振兴高等师范教育以及发展国民教育的厚望。

1943 年，日寇进逼蓝田。1944 年，国师西迁湖南溆浦。1945 年复员于南岳，1949 年并入湖南大学，1953 年分立为湖南师范学院，今为湖南师范大学。

八载烽烟，弦歌不辍。在廖世承先生体育、德育、智育三育并进的教育方针指导下，国师培养健全师资成效显著。十周年院庆之时，国师曾有这样的总结："在校学生，大都勤于读书，乐于运动，服务精神，尤极充沛。十年来，毕业生凡 848 人，分布遍全国，以供职中等学校者为多，教育行政及社会机关者次之。毕业学生以勤苦耐劳、热心服务、忠毅诚恳、朴实无华为特色。"国立师范学院只是中国战时开办大学的一个缩影，到战争结束时，中国大学由 108 所增加到 141 所，学生从 4 万多增加到 8 万多。外部环境如此险恶，但中国大学没被炸垮，依旧昂然屹立，发展壮大。

战火纷飞中，中国的各级各类学校仍顽强地生存与发展，其中蕴含着某种令人肃然起敬的精神与力量。大批学校撤退继续办学甚至创办新的学校，不仅仅培养了众多战时急需人才，保存了文化与学术实力，延续了中华文明的血脉，而且在中华民族生死存亡之秋，这种不辍的弦歌本身就是一种稳定人心的力量和高贵的精神气质！

本文重点所述两个学校，长郡中学为我任教之处，由国立师范学院演变而来的湖南师范大学为我的母校。每当念及她们在蓝田的烽火岁月以及不辍的弦歌，我总会为之动容。

谨以此文纪念伟大的中华民族抗日战争胜利七十周年。

（原载《书屋》2015 年第 9 期）

湖湘行吟组诗

登岳阳楼

卅年数度此登临，极目风光自古今。
重造楼台新结构，再生家国正清音。
江山异代骚人泪，兴废千秋宰相心。
湘水南来终逝远，夜深但听老龙吟。

己亥端午过汨罗

（一）

汨罗江畔黯伤神，斗转星移岁几轮。
行处又闻舟鼓响，望中犹记艾条新。
当时谁有安邦术，胜国应多袖手人。
堪叹楚魂空缥缈，年年今日话灵均。

注：胜国，亡国也。左氏曰："胜国者，绝其社稷，有其土地。"

（二）

书生事业半荒唐，也效灵均讽楚王。

但见菖蒲如利剑，难为黍粽作投枪。

蛾眉虚负离忧恨，鱼腹空埋兰芷香。

今日两行哀郢泪，怕生谣诼泣残阳。

壬寅端午过汨罗

三年时疫叹吾曹，槐柳空阶蝶自逃。

湘水有声唯欸乃，楚天无语答离骚。

每逢令节频添笑，漫把壶觞续满醪。

蒲艾飘香谁共饮，灵均负手问皋陶。

参加郭嵩焘诞辰200周年纪念大会谒郭嵩焘雕像

匆匆半日过家乡，我对筠仙①举一觞。

老病不辞浮海险，艰危聊作救时方。

收帆无计船偏漏，驻马②何堪国已伤。

渔父尚怜湘累③醒，神州四亿共痴狂。

注：①郭嵩焘（1818—1891），号筠仙。

②"驻马"用李商隐《马嵬》诗典"此日六军同驻马"，谓将士逼玄宗赐死杨贵妃。此处借指守旧大臣逼清廷撤回郭嵩焘，严旨训诫。

③湘累，指屈原。《汉书·扬雄传》："钦吊楚之湘累。"注引李奇曰："诸不以罪死曰累，……屈原赴湘死，故曰湘累也。"

访湘阴法华寺，谒八指头陀塑像，并于白梅诗社前留影

霏霏细雨起沧浪，阳雀湖边访上方。
久仰头陀嫌地僻，今知大德几风凉。
当时开悟桃花下，从此行藏莲叶旁。
幸得高僧曾驻锡，潇湘异代白梅香。

访湘阴法华寺，听早国法师言八指头陀
开悟剃度故事，欲状当时情景，诗以纪之

满目潇湘绿意浓，花开时节好相逢。
半江澄碧销尘色，一树嫣红尽醉容。
倏忽狂风兼骤雨，寻常春景复残冬。
睹桃而悟谁成佛，欲解人间结万重。

注：同治七年（1868），黄读山（时年十八岁）欲往岳州访亲友，道经湘阴法华寺，见一树桃花忽招风摧雨折，零落成泥，乃大悟而出家于法华寺，遂成一代高僧大德，即寄禅大师，又称八指头陀。

雨中登鹅形山

濛濛细雨湿衣冠，不阻闲心着眼看。
地势崔嵬临绝壑，山容缥缈蹑层峦。

此中险远谈何易，局面艰危醒独难。

或谓鹅形随鹤化，仙人踪迹壮奇观。

（鹅形山在湖南湘阴境内，传说为仙鹤所化。）

过左宗棠故居

参差杨柳荫山川，瓜熟莲开六月天。

遥想前朝湘上客，回看万古里中烟。

元知世乱才须惜，岂合时危国自捐。

每叹史家千载笔，百年桑海赋流泉。

（"湘上客"，左宗棠自称"湘上农人"。第五句化自郭嵩焘挽左氏联"世需才，才亦需世"。）

壬寅清明谒左文襄公墓

潇湘雨霁值清明，怅触闲愁柏竹行。

墓冢重修惭淑景，功勋别有识干城。

秦川遥望左公柳，魏阙新镌恪靖名。

一百年来共荣辱，曾侯长伴隔江声。

（左公墓位于长沙跳马镇柏竹村，曾遭大规模毁坏，墓室侵扰，尸首蒙羞。湘江对岸坪塘镇有曾文正公墓，遭际类此。）

过贾谊故居

千年庭院夕阳斜，秋草惟寻楚客家。

明主遭逢犹夜梦，湘江流转自天涯。

已知鹏鸟齐生死，何顾龙颜空叹嗟？

应胜屈原埋骨处，怜君留命到长沙。

注： "寻秋草堂"为故居之名胜，其名出自刘长卿咏贾谊诗句"秋草独寻人去后"，清以来成为文人墨客凭吊贾谊并吟诗作画之处。

登天心阁

楼高浑似绝烟尘，四面云山幻亦真。

兵燹数经逃劫历，文衡千载待城春。

俯看阁下有群像，却是当年犯阁人。

世事沧桑能似此，几回登眺惘伤神。

注： 天心公园有太平军将士群雕，咸丰二年（1852）太平军正是从此处进攻长沙城。

访妙高峰①

南郭一峰称妙高，昔如浮玉下临涛②。

亭台碑碣形虽在，名物衣冠迹已逃。

吹帽有风犹昨日，凭栏无景叹吾曹。

今朝顿起他乡意，不敢人前诵楚骚。

注：①妙高峰昔为长沙城南第一名胜，宋代张栻在此创办城南书院，与岳麓书院隔江并峙，朱张往来会讲，弦歌不辍。至晚清郭嵩焘掌教于此，成一时之盛。

②首联化自题妙高峰名联："长与流芳，一片当年干净土；宛然浮玉，千秋此处妙高峰。"

冬日游岳麓书院

庭院千年树影斜，道南正脉任由夸。

双贤会讲终同理，一水长流竟不遮。

惟楚有材陈故事，斯文扫地旧生涯。

举头但见枝间鸟，静待春来好看花。

注："道南正脉"为乾隆御赐岳麓书院匾额。

暮秋访靖港旧战场遗址怀文正公

满目萧森秋已残，山河如故水微澜。

楼船陈迹诉前事，墨绖哀兵泣史官。

九死挥师延劫运，孤臣走檄护衣冠。

勋名空说烟波渚，谁识君侯此万难？

谒蔡锷将军墓

冬深黄叶落纷纷，我到坟前日正曛。

行迹已知真柱石，孤碑空说旧功勋。

当时万众甘为隶，千载何人敢不群？

怕听项城称帝事，世间难有蔡将军。

己亥夏日访长沙影珠山抗战遗址

烈日当空谒影珠，周游胜读五车书。

战壕地网诉前事，名阵天炉赖此墟。

遗址荒台刀剑响，残碑断碣世情疏。

遍观华夏抗倭处，除却芷江都不如。

注：墟字本意为大土山。

过安化小淹陶澍故居

小淹风景趁晴舒，境内清江画不如。

江岸官厅犹耸立，沙湾故宅祇残余。

印心石屋今何在，过眼茶田似太初。

国有干城民有幸，可怜勋业入烟墟。

过蓝田镇访国立师院旧址有题

此地宜蓝古黍田①，溪环绥绕暖生烟。

难消烽火前车鉴，不辍弦歌下濑船②。

秦楚名同俱种玉③，湖湘雾散足开天。

今之视昔应余愧，世事如棋又百年。

注：①蓝田镇现为湖南涟源市治所在地，旧属安化县。据清同治年间修撰的《安化县志》记载："相传宋张南轩（栻）经此，谓地宜蓝，后果艺蓝弥野，因名。"

②下濑船即行于浅水急流中的平底快船。此句谓虽国势日危仍弦歌不辍。苏轼《次韵刘景文周次元寒食同游西湖》："絮飞春减不成年，老境同乘下濑船。"

③陕西有县名蓝田，以蓝田玉著名。

谒南岳忠烈祠

华夏千秋忠烈祠，我今重谒转深思。

云横峰岭层层暗，树掩荆丛叶叶垂。

历尽劫波遗骸骨，难消块垒认丰碑。

忠魂幸得梵音伴，诸佛无言犹带悲。

后　记

1995 年《书屋》杂志创刊，这是读书界的一件大事。杂志创刊初期，得到许多著名人文知识分子的支持，如张中行、季羡林、李泽厚、刘再复、邵燕祥、资中筠、王蒙以及易中天等，他们纷纷给该刊写稿，一时洛阳纸贵。

我从创刊号起每期必买，每篇必读。《书屋》的文章读多了，遂萌生了向该刊投稿的想法。记得那是在 2003 年上半年，我当时对郭嵩焘正有兴趣，就写了篇《郭嵩焘的哲学思想》（这次不避浅陋，也收入拙著），直接向《书屋》投稿，可是泥牛入海，再无消息。这年秋季的一天，我的老师湖南师范大学历史文化学院院长钟声教授给我打电话，说介绍认识一位朋友，叫胡长明，是他的博士同学，当时正任《书屋》编辑部主任（后任执行主编）。我自然很高兴，约定当天晚饭后在南门口学院街的一个小酒馆见面。当晚聊历史、聊人生，非常投缘，非常开心。我向胡博士提到我投稿的事，他说文章他读了，有印象，但《书屋》杂志的优质稿件实在是太多了，每期投稿量约有三四百件，只能采用二三十篇。许多优秀的稿件由于种种原因都不能刊发。他接着说了一句很刺激我的话："以你现在的水平，应该再认真读十年书，之后向我们投稿。"

2014 年，我的学生牛芳女史主编一份刊名为《长行》的内部刊物，该刊有"湖湘历史"的栏目，向我约稿。我写的第一篇文章是《左宗棠与郭嵩焘：立功与立言》，在该刊发表，据说反响很好。我没有盲目乐观，转发给好友宋胜威。他读后回复我："可以在《书屋》发表。"我记起胡长明博士的话，十年过去了，不知我是否真有进步，遂壮着胆子，给《书屋》投稿，没想到很快有了回音，拟刊发于《书屋》2015 年第 03 期。该文在《书屋》发表后，也被大量历史类的自媒体转发，好评不断，当时很是兴奋。

牛芳也希望我为她们刊物写一组系列文章，于是在几年之间写了近三十篇与湖湘人物、湖湘文化有关的篇什，先是在牛芳的内部刊物刊发，之后投《书屋》杂志，没想到也都被《书屋》采纳。胡长明博士曾对我说："你的每篇文章水平都很高，学术性、思想性与可读性三者兼备。没想到我当年的一句玩笑话你当了真。"钟声教授也为我的进步感到高兴，他建议我将《书屋》刊发的这些文章结集出版，并介绍我认识了岳麓书社的文史编辑王文西校友。于是我挑选了十八篇文章，部分文字稍有修改，结成一个小集子。这些文章除前文提到的《郭嵩焘的哲学思想》外，另有《平生蒙国士之知》为未刊稿，其余都在《书屋》发表过。同时，又将我吟咏湖湘人物和湖湘历史的一组律诗作为附录附于书后。

拙著能顺利出版，文西作为责任编辑出了大力。他为拙著定的书名《一生怀抱几曾开：湖湘文化点将录》，有画龙点睛之妙；中南传媒设计艺术委员会主任谢颖老师亲自为拙著设计封面，令拙著生色不少。另外许多朋友如曾国藩研究会副会长刘安定先生、湘阴左宗棠研究会秘书长易小武先生、湘阴郭嵩焘研究会副会长陈文革先生、湖南省文旅厅办公室主任何维森先生、涟源市教师发展中心主任李永根先生、长郡中学校史馆苏燕青女士以及永州道县何江平先生（中国摄影家协会会员）、廖青先生（永州摄影家协会会员）等为本书提供了许多珍贵的照片或图片。湖南师范大学历史文化学院教授、著名学者吴仰湘先生在百忙之中为本书作序，使拙著蓬荜增辉。

　　另外，湖南出版投资控股集团有限公司总编辑杨壮先生以及岳麓书社社长崔灿先生也为本书的顺利出版给予了很大的帮助，在此一并致谢。

王强山于长沙
2022 年 9 月 20 日